KB212135

_____ 님께

_____ 드림

목회학 박사학위 논문

언약신학 &
사형제도

목사 · 변호사 김청만

2024

추천사

　사랑하는 제자 김청만 목사가 목회학 박사 학위논문을 출간하게 된 것을 무척 기쁘게 생각합니다. 저자는 법을 공부한 법학도로서 푸른 청춘의 삶을 경찰관으로 섬겼으며 난공불락의 사법고시를 합격한 이후에는 줄곧 변호사로 섬겨왔습니다. 목회자로 소명을 받은 이후에 금쪽같은 시간을 쪼개어 아주 치열하게 신학을 공부하여 목사 안수를 받았습니다. 그러면서 기도하는 가운데 예수 그리스도 안에서 성령의 인도하심을 받으며 아버지 하나님의 사랑 가운데 아름다운 동행을 함께하는 공동체를 꿈꾸며 아름다운동행교회를 개척하여 하나님의 양무리들을 푸른 초장으로 쉴만한 물가로 인도하는 목양을 하고 있습니다.

　하나님의 위대한 선물인 언약정경인 성경말씀은 풍성한 진리의 보고입니다. 창조, 타락, 구속, 그리고 완성이라는 원대하고 장엄한 구속사의 대하드라마를 담고 있는 살아 계신 하나님의 말씀입니다. 이 구속사의 경이로운 드라마가 역사적이고 논리적인 순서로 계시된 창세기 2장 15-17절 말씀의 행위 언약과 창세기 3장 15절에 나타난 은혜 언약의 이중언약 구조로 펼쳐져 있습니다. 실낙원한 이후에 노아 언약, 아브라함 언약, 모세 언약, 다윗 언약, 새 언약으로 이어지면서 은혜 언약의 영원한 중보자이신 예수 그리스도 안에서 완성되어질 영원한 하나님 나라의 구속사의 경륜과 지구상에서 펼쳐지는 인간 역사를 보존하고 펼쳐 가시는 하나님의 절대주권을 보여주고 있습니다. 저자는 자신이 깊이 천착한 언약신학의 보고로 독자들을 위하여 간결하면서도 포괄적으로 아주 친절하게 안내해주고 있습니다.

저자는 성경신학을 연구하면서 신앙과 신학의 세계에 새로운 지평이 열리는 신비로운 체험을 하게 되었습니다. 그러면서 성경적 언약신학의 깊이와 높이에 경외감을 갖게 되며 성경적 세계관으로 가는 지름길임을 깨닫게 되었습니다. 특히 홍수 후 노아 언약(창 8:20-9:17)을 연구하면서 이 언약이 지금 세상의 역사가 예수 그리스도 재림 때까지 가능하게 만드는 하나님께서 일방적으로 선포하신 일반 은혜 언약임을 파악하게 됩니다. 나아가 홍수 후 노아 언약이 현재 세상에서 일반 국가의 정치제도 및 법제도의 근간을 이루는 언약임을 깨닫고 일반 국가에서 시행하고 있는 사형제도의 적합성 여부를 언약신학의 관점에서 탐구하기 시작했습니다.

저자는 홍수 후 노아 언약의 역사적 상황 아래 주어진 "다른 사람의 피를 흘리면 그 사람의 피도 흘릴 것이니 이는 하나님이 자기 형상대로 사람을 지으셨음이니라"(창 9:6)는 말씀을 하나님께서 일반 국가에 사형제도를 두도록 허용하신 성경적 토대로 삼고 있습니다. 예수 그리스도의 재림 때까지 지구상에 존재하는 일반 국가들의 안정과 존속을 위하여 하나님의 형상으로 지음을 받은 사람의 생명의 존엄성을 무시하고 악한 의도로 범한 의도적 살인자에 한하여 사형제도를 두게 하신 공의로우신 하나님의 마음과 속성에 대하여 성경적인 근거를 제공해 줍니다.

저자는 "언약신학의 관점에서 바라본 사형제도의 정당성에 대한 고찰"을 논하는 데 있어서 지금 세상에서 교회와 국가의 관계를 바로 설정하고 이해하는 중요성을 강조합니다. 이 부분에서 저자는 교회와 국가의 분리나 혼합이 아니라 적합한 구분을 언약신학의 관점에서 확실하게 드러내 줍니다. 가령 교회 안팎에서 많은 사람이 예수님께서 산상수훈 가운데 선포하신 "너희 원수를 사랑하며 너희를 박해하는 자를 위하여 기도하라"(마 5:44)는 말씀을 근거로 일반 국가의 사형제도를 폐지하는 사형제도 폐지론을 주장합니다. 이에 대하여 저자는 예수님의 이 말씀이 국민의 생명과 재산과 국가의 영토를 보존하는 사명을 위임 받은 일반 국가에 직접적으로 해당되는 것이 아니라 새 언약 교회 공동체에 전도와 선교의 사명을 완수하기 위하여 주신 말씀으로 이해하고 해석합니다.

우리는 하나님의 은혜 가운데 예수 그리스도의 재림을 앞두고 글로벌선교시대에 살고 있습니다. 은혜가 풍성한 하나님의 일반 은혜 언약의 혜택으로 과학문명이 눈부시게 발전되어 지구촌이 하나로 묶이는 시대에 살고 있는 것입니다. 그런 의미에서 우리는 성경적 세계관을 갖고 하나님이 주신 가정과 교회와 이 세상과 선교지를 복음과 하나님의 영광을 위하여 신실하게 섬기도록 요청을 받고 있습니다. 저자는 언약신학의 관점에서 사형제도 존치론을 지지하면서도 하나님의 형상으로 지음을 받은 한 사람의 생명과 한 영혼을 천하보다 귀히 여기는 마음으로 이 논문을 집필했습니다. 언약신학을 탐구하며 성경적 세계관으로 향하는 경이롭고 신비로운 오솔길에 들어선 저자가 거듭난 자신의 영혼을 불꽃같이 타오르는 마음으로 집필한 논문의 일독을 사랑하는 독자들에게 권합니다.

전정구 박사
(Faith Theological Seminary / 성경신학 및 조직신학 교수)

감사의 말

먼저 창세전에 예수 그리스도 안에서 택정하시고 불러주신 삼위일체 하나님께 모든 영광을 돌립니다.

이 논문을 발표하기까지 Faith Theological Seminary(이하, FTS)로 이끌어 주신 김정도 목사님에게 깊은 감사의 말씀을 전합니다. 김정도 목사님의 인도함으로 인하여 필자가 1990년 1월경에 하나님의 말씀을 깊이 체험한 이후로 풀리지 않았던 신앙적인 의문들이 하나씩 풀려가면서 자리를 잡기 시작한 것은 필자의 인생에서 주님이 주신 더 없이 크신 은혜였습니다.

언약신학에 대하여 새로운 시각을 갖게 해 주신 전정구 교수님에게 진심으로 감사를 드립니다. 전정구 교수님의 수업을 듣는 과정에서 그동안 신학을 배우면서 궁금하였던 많은 부분들이 제자리를 찾아가기 시작하였습니다. 이 논문을 주제로 선정하게 된 것도 바로 전정구 교수님의 성경신학의 교과서에 실려 있는 사형제도에 대한 내용을 읽은 것이 그 배경입니다. 그래서 필자는 사형제도와 관련된 논문을 읽어보기 시작하였습니다. 그런데 언약신학의 뒷받침 없이 각자 주장의 필요에 따라서 성경말씀이 인용되어지는 것을 보면서 변호사의 시각에서 참으로 안타까운 마음이 있었습니다.

법을 해석하고자 할 경우에는 적어도 법의 기본적인 원리와 해석의 원칙에 기반하여 해당 법조문을 해석해야 하듯이, 성경이 하나님의 법으로 우리가 믿는다면 성경에서 계시된 하나님의 언약을 바탕으로 해석이 되어야만 해당 성경구절의 올바른 자리매김이 가능한 것입니다. 바로 이러한 계기를 부여하여 주신 분이 전정구 교수님이십니다.

나아가 논문의 작성법과 해석학의 원칙을 잘 이끌어 주신 이홍길 교수님, 성경적 상담학의 원리를 이해하기 쉽게 교수하신 김정아 교수님, 개혁신학의 원리를 잘 이끌어 주신 성기호 교수님, FTS가 올바른 개혁신학을 추구하기 위하여 늘 물심양면으로 노력하여 주시는 제리 하몬 총장님에게도 깊이 감사를 드립니다.

끝으로 필자를 늘 응원하고 주님 가신 길에 동행하는 나의 사랑하는 아내와 논문의 완성도를 높이는데 도움을 주신 박기호 집사님, 논문 교정작업에 수고하신 노희정 님을 비롯한 아름다운 동행교회 모든 성도님에게도 감사 인사를 전합니다.

2024. 5.

목 차(TABOLE OF CONTENTS)

제 2 장 ㅣ 하나님 특별은혜와 율법의 역할

제 4 장 ㅣ 성경에 합치되는 사형제도가 운영되기 위한 최소한의 방안

제 5 장 Ⅰ 결 론

· 제1장 ·

서론

대한민국 사형제도의 법제와 국민들의 인식

대한민국 사형제도의 개관

대한민국(이하, '한국') 형법 제41조 제1호에는 사형이 형의 종류로 규정되어 있고, 형법 제66조에는 "사형은 교정시설 안에서 교수하여 집행한다"라고 집행방법까지 규정되어 있다. 다만 군형법 제3조에서는 "사형은 소속 군 참모총장이 지정한 장소에서 총살로써 집행한다"라고 규정되어 있다.

한편, 위 형법을 적용하여 사형이 선고되고 그 판결이 확정이 된 경우에는 형사소송법 제463조에 의하면 법무부 장관의 명령에 의하여 사형을 집행하는데, 이러한 사형집행의 명령은 형사소송법 제465조에 의하여 판결이 확정된 날로부터 6개월 이내에 하여야 하고, 이러한 사형의 집행을 명한 때에는 형사소송법 제466조에 의하여 5일 이내에 집행을 하도록 규정되어 있다. 그리고 군형법에 의하여 사형이 선고되고 그 판결이 확정이 된 경우에는 군사법원법 제506조에 의하여 국방부 장관의 명령에 따라 집행이 되는데, 이러한 집행명령의 기간은 군사법원법 제508조 제1항에 의하여 판결이 확정된 날로부터 6개월 이내에 하여야 하고, 이러한 국방부장관의 사형집행의 명령이 있는 경우에는 군사법원법 제509조에 의하여 5일 이내에 집행을 하여야 한다.

그런데 한국은 1997년 12월 30일을 마지막으로 사형을 집행하고 그 이후부터 현재까지 사형이 판결로써 선고가 되고 있지만, 사형집행이 이루어지고 있지 아니하고 있다.[1] 그리고 군인에 대한 사형집행도 1986년 제28보병사단 화학지원대 총기난사 사건의 범인에 대하여만 마지막으로 사형이 집행이 되어지고,[2] 그 이후의 4건에 대하여는 현재까지 사형 집행없이 국군교도소에 수감중에 있다. 그렇다면 법무부 장관이나 국방부 장관은 사형의 집행을 명령하지 아니하는 위법의 상태를 방치하고 있는 것이 아닌지 여부에 대하여 의문이 있을 수 있지만, 위 기간은 보통 훈시규정으로 해석을 하기 때문에 직무유기 등의 문제는 크게 발생하지 않는다고 할 것이다. 그렇지만 아무리 훈시규정이라고 하더라도 이를 무조건적으로 방치하라는 의미로 해석될 수는 없기 때문에 이에 대한 입법자의 결단으로 정리가 필요하다.

이러한 한국의 상황에서 강력범죄가 발생할 경우마다 늘 화두(話頭)가 되어서 언론의 관심을 받는 것이 바로 사형을 집행하는 것이 강력범죄를 억지하고 사회질서 유지를 위하여 필요한 것이 아닌가 하는 것이다. 그리고 이러한 이슈가 발생하면 늘 사형의 집행이 정당한지의 여부와 사형제도를 존치하는 것이 인간의 존엄성에 합치되는지 여부에 대하여도 상당한 논란이 비슷한 패턴으로 재연되고 있다.

이에 대하여 헌법재판소는 살인과 특수강간으로 대법원에서 사형

1) 국제앰네스티 한국지부. https://amnesty.or.kr/. [2024. 1. 5.접속]
2) News1. https://n.news.naver.com/mnews/article/421/. [2024. 1. 5.접속]

이 확정된 95헌바1 형법 제250조 등 위헌소원 사건에서 1996년 11월 28일자로 형벌로써 사형을 규정한 형법 제41조 제1호, 살인죄에 대하여 법정형으로서 사형을 규정한 형법 제250조 제1항에 대하여 헌법재판관 7인의 합헌의견, 2인의 위헌의견으로 합헌결정이 이루어진 이래로 현재까지 위 결정의 내용은 변경되지 않고 있다.[3]

한국갤럽의 사형제도의 존폐에 대한 설문조사

비록 본 논문은 언약신학의 관점에서 사형제도의 정당성에 대한 고찰이기는 하지만, 교회 역시 국가의 제도 안에서 특별한 부르심을 받은 성도들의 모임인 점을 고려하고, 향후 사형제도에 대하여 교회가 국가에 선한 영향력을 미쳐야 한다는 전제하에서 사형제도에 대한 여론에도 귀를 기울여야 한다고 생각한다.

한국갤럽이 2023년 6월경 실시한 성인 1,000명을 대상으로 한 설문조사에서도 설문대상자 10명 중 7명이 "사형제를 유지해야 한다"고 밝힌 바 있다고 조사되었다.

그리고 국제 앰네스티가 2022년경에 발간한 보고서에 따르면 전 세계 87개국이 사형제도를 유지하고 있는 것으로 나타났다. 이 중 미국과 일본을 포함한 55개국은 한국과 달리 사형을 실제 집행하고 있다. 그리고 2022년의 전 세계적인 사형집행 현황을 보면 중국 등 20

---

3) 헌재 1996. 11. 28. 95헌바1. 판례집 8-2. 537

개국에서 883명의 사형이 집행되었고, 이는 전년보다 53% 증가한 수치이다.[4]

특히 조선일보가 2001년 11월 4일자로 만 20세 이상의 남녀 1,043명을 상대로 사형제도에 대하여 찬성하는 가장 큰 이유에 대한 설문조사를 실시한 바 있는데, 이 때의 설문조사의 내용의 요지는 아래와 같이 나타났다.[5]

사례수	1	2	3	4	5	계
비율	42.2%	30.8%	23.7%	0.8%	2.5%	100%

1. 흉악 범죄 예방의 효과가 있기 때문에
2. 교화가 불가능하다고 판단되는 범인은 사회에서 영구적으로 격리해야 하기 때문에
3. 국가/사회를 유지하기 위한 최후 수단이기 때문에
4. 기타
5. 모름/무응답

이에 대하여 위 조선일보가 같은 날짜에 동일한 방법으로 사형제도를 반대한 이유에 대하여 설문조사를 실시한 바 있는데, 이 때의 설문조사의 내용의 요지는 아래와 같이 나타났다.[6]

---

4) 박준규, "흉악범, 사회와 격리가 정의⋯국민 70% 사형제 유지를", 한국일보, 2023년 6월 6일, https://www.hankookilbo.com/News/Read/A2023052416360005763. [2023. 9. 30. 접속]
5) 한국갤럽, https://panel.gallup.co.kr/Gate/Panel/F025.aspx. [2023. 9. 30. 접속]
6) 한국갤럽, https://panel.gallup.co.kr/Gate/Panel/F025.aspx. [2023. 9. 30. 접속]

사례수	1	2	3	4	5	계
비율	39.0%	29.7%	24.5%	3.9%	2.9%	100%

1. 사형은 국가권력에 의한 살인행위로 비인도적이기에
2. 정치적으로 악용되거나 재판에서 오판할 우려 때문에
3. 충동적으로 이뤄지는 범죄도 있어 범죄예방 효과가 없기 때문에
4. 기타
5. 모름/무응답

종교계의 사형제도에 대한 입장

천주교의 한국사형폐지운동 협의회의 활동

한편 종교계는 생명윤리 등을 이유로 사형제의 존치 및 집행에 반대하는 경향이 높으며, 천주교는 사형폐지에 가장 적극적인 것으로 나타났다.[7] 특히 천주교는 1989년에 한국사형폐지운동 협의회를 결성하여 사형폐지를 위한 운동을 시작하였으며, 2001년에는 사형제도폐지 소위원회를 설치하여 사형제 폐지 법안 발의를 촉구하였다.

이창영 한국 천주교 주교회의 정의평화위원회 총무는 "인간은 하느님의 모상대로 창조된 고귀한 존재이다(창세기 1:26~27). 따라서 창조주이신 하느님 외에 그 어느 누구도 인간의 생명을 박탈하거나

---

7) 오승주, "사형폐지에 관한 기독교윤리적 연구," (한신대신학전문대학원 석사학위논문,2004), 68.

조장할 수 있는 권리는 없는 것이다. 이렇게 볼 때 국가나 또는 어떤 권위에 의해 사형제도가 존속해 온 것은 인간의 존엄성을 침해하는 죽음의 문화임에 틀림없다"라고 주장하고 있다.[8]

기독교계의 다양한 입장

천주교의 상황과는 달리 한국의 기독교계의 입장을 보면 교단의 특색과 숫자가 다양한 만큼 사형제도에 대한 정리된 입장을 찾아보기는 쉽지 않은 것이 현실이다. 다만 주목할 만한 사건으로는 한국기독교총연합회(이하, '한기총') 신학연구위원회는 2005년 8월 19일 사형제도를 찬성하는 입장을 밝힌 바 있다.

즉 위원회에 참석한 이종윤 목사는 "사형제도는 하나님이 주신 국가 공동체에 공의를 세우기 위해 하나님이 노아 시대부터 인간 정부에게 주신 제도로 이해해야 할 것"이라면서 "내가 불의를 행하여 죽을 죄를 지었으면 죽기를 사양하지 않을 것"(행 25:11), "저 원수들을 이리로 끌어다가 내 앞에서 죽이라"(눅 19:27) 등의 성경 구절을 들어 바울과 예수님도 사형제를 인정했다고 보았다. 이종윤 목사는 "전쟁이나 합법적인 사형제도는 인권이나 인간의 존엄성을 침해하는 살인과는 다른 것이다"라고 덧붙였다. 한편, 정일웅 교수는 "하나님의 형상을 파괴한 자들의 행위를 판단하는 권한은 처음부터 정의실현 차

---

8) 경향신문, "[쟁점] 사형제도 폐지", 2001년 6월 7일, https://m.khan.co.kr/opinion/contribution/article/. [2023. 9. 30. 접속]

원에서 공동체의 지도자에게 부여됐고, 오늘날은 정부 당국과 특별히 사법부에 맡겨진 것"이라면서 "사형제 폐지 주장은 단순히 범행자의 인권에만 너무 치중한 나머지 생명을 빼앗긴 피해자에 대한 하나님의 정의를 간과한 것"이라고 지적했다.[9]

이에 대하여 박충구는 "한기총 신학연구위원회는 2005년 8월 보수적인 신학자들만 불러 모아 사형제도의 정당성을 옹호하는 세미나를 가졌는데, 여기에는 기독교 사회 윤리학자는 한 명도 초대되지 않았다. 여기 참여한 인사들은 한결같이 사형제도와 성경의 원리가 일치함을 주장하며 사형존치론을 주장했다"라고 비판하고 있다.[10]

사형제도 찬반에 대한 주장의 근거

이상에서 주장되는 사형제도에 대한 찬반의 성경적인 주장의 근거를 정리하여 보면 다음과 같다. 먼저 사형제도에 대한 반대의 논거를 살펴보면 첫째, 사형 폐지론자들은 성경의 '살인하지 말라'(출 20:13)는 계명에 사형 폐지론의 정당성을 호소한다. 이러한 주장은 생명을 죽이고 살게 하는 것은 하나님의 고유 영역임을 명백히 하는 것이다. 사형제도 폐지 논의는 무엇보다 하나님이 창조하신 생명에 대한 존엄성에 근거를 두고 있다. 둘째, 사형제도는 사랑의 계명에 어긋나기 때문에 철폐해야 한다고 주장한다. 신·구약 성서를 통하여 가장

---

9) 최소란, "한기총, 사형제 폐지 반대", 뉴스앤조이, 2005년 8월 24일, https://www.newsnjoy. or.kr/news/articleView.html?idxno=12874. [2023. 9. 30.접속]
10) 박충구, "기독교 윤리학적 관점에서 본 사형제도," 신학과 세계 통권 69호(2010), 210.

중요한 하나님의 명령과 계명은 "사랑"인데, 구약의 보복(報復)법을 근거로 사형을 찬성하는 것은 사랑이라는 보다 큰 하나님의 명령에 어긋난다는 주장이다. 셋째, 사형제도는 결국 그리스도의 대속 사건을 부정하기 때문에 폐지되어야 한다고 주장한다. 그리스도의 십자가 사건은 어떤 죄인도 그의 십자가 아래서 속죄를 받을 기회와 권리가 있다는 것이다. 그런데 사형제도는 범죄자의 미래를 시간적으로 박탈함으로써 그리스도의 대속의 은총을 받을 수 있는 기회를 박탈한다는 주장이다.[11]

이에 대하여 사형제도를 찬성하는 입장에서의 주장의 근거를 보면 다음과 같다. 첫째, 사형 존치론자들은 범법자가 '살인하지 말라'는 하나님의 계명을 어겼으니 반드시 그의 피 값으로 죄를 갚아야 한다고 주장한다. 이러한 논의는 구약의 보복법의 적용으로 볼 수 있다. 둘째, 범죄인의 생명권만큼이나 피해자의 생명권도 존중되어야 함을 주장한다. 하나님의 정의의 차원에서 죄 지은 사람은 처벌하고 무고한 사람은 풀어주는 것은 당연하다고 주장한다. 셋째, 하나님이 사랑과 공의라는 양면을 갖고 있듯, 범죄와 처벌 사이에는 도덕적인 차이가 있다. 따라서 합법적인 사형은 도덕적 의미에서 살인이 아니다. 사형이라는 합법화된 사회적 보복이 정의를 행하고 범죄를 억제하는 기능을 성취한다면 사회적으로 유용한 것이라는 주장이다.[12]

---

11) 김종걸. "사형제도에 대한 기독교적 이해." 복음과 실천 제48집 (2011), 89.
12) 김종걸. 위의 논문. 90~91.

쟁점(爭點)의 정리

사형제도를 반대하는 가장 큰 이유는 바로 율법을 근거로 하고 있다는 것이다. 그것이 구약의 율법에서는 사람을 죽이는 것을 명시적으로 금지하고 있고, 신약의 시대에서는 예수님이 사랑이시기 때문에 보복법으로서 사형을 인정할 수 없다는 것이다. 그렇다면 하나님이 율법을 주신 이유가 무엇인가를 성경적으로 제대로 해명하지 않으면 사형제도에 대해서는 영원한 평행선으로 달려나갈 수밖에 없을 것이다.

다음으로 하나님의 형상을 닮은 인간에 대한 생명을 박탈하는 심판권은 오직 하나님만이 행하셔야만 하는가 아니면 하나님은 이를 사회제도나 국가에 위임을 하여 집행할 수는 없는지의 문제, 즉 위임권의 존부에 대한 성경적 해명이 필요하여 보인다. 그리고 만약에 국가에 이러한 사형에 대한 집행 권한이 성경적으로 위임이 허용이 된다면, 하나님의 이러한 사형에 대한 집행 권한을 위임하는 취지가 무엇이며 인간을 통해서 하나님의 공의는 어떻게 실현이 되는가 하는 부분 역시 쟁점으로 등장한다. 나아가 국가가 하나님으로부터 사형에 대한 집행 권한을 위임 받았다면 어떠한 범죄에 대하여 사형을 규정하고 이를 집행하는 것이 하나님의 통치권 아래에 있는 인간 세상이 위임의 범위에 부합하는가 하는 문제, 즉 위임권의 범위에 대하여도 추가적으로 설명이 필요하다고 할 것이다.

본 논문의 주장의 논지(論旨)

특별은혜와 율법의 역할

 필자는 본 논문에서 먼저 창세기 3장 15절에 약속하신 여자의 후손에 대하여 드러나는 하나님의 특별은혜[13]를 추적하여 갈 것이다. 이러한 과정에서 여자의 후손이라는 점에 대해서 남자의 씨로 되지 아니한 성령으로 잉태되어야만 하나님이 약속하신 여자의 후손이 될 수 있는 자격이 있음도 자연스럽게 증명이 될 것이다. 그리고 그 오실 여자의 후손은 아브라함과 다윗의 혈통을 통하여 오셔야만 된다는 것을 아브라함 언약, 다윗 언약을 통하여 논증할 것이다.

 이러한 과정에서 하나님이 이스라엘 백성을 불러서 시내산에서 모세 언약을 체결하시면서 율법을 수여하신 이유는 바로 그 이스라엘 백성들이 율법 아래, 곧 행위언약 아래에 있다는 것을 알게 하시기 위함이 일차적인 목적이었다는 것을 밝힐 것이다. 여기에서 더 나아가 이러한 율법과 죄 아래에 매여 있는 이스라엘 백성들은 그들이 의지하는 율법이 아니라 하나님이 특별하게 약속하신 여자의 후손, 즉 아브라함과 다윗의 혈통으로 오실 예수 그리스도로 이끌기 위함이라는 것을 논증할 것이다. 그러함에도 불구하고 이스라엘 백성들이 예수 그리스도를 믿지 아니한 것은 바로 그들의 넘어짐으로 인하여 하

---

13) 언약신학, 특별은혜, 일반은혜, 아브라함 언약, 다윗 언약, 노아 언약, 행위언약, 모세언약, 은혜언약, 구속언약의 개념에 대해서는 해당 부분에서 설명하기로 한다.

나님이 아브라함에게 약속하셨던 "네 씨로 말미암아 천하 만민이 복을 받으리니"라는 말씀을 이루기 위함이라는 것을 밝힘으로써, 율법의 궁극적인 목적은 일반은혜 아래에 있는 국가를 통치하기 위한 수단이 아니라 특별은혜로 이끌기 위한 은혜의 방편임을 확증할 것이다. 그렇기 때문에 구약성경의 율법에서 정한 내용을 바탕으로 국가가 시행하는 사형제도의 찬반의 근거로 직접적으로 적용해서는 안된다는 결론을 보여줄 것이다.

일반은혜의 수단으로서의 국가

하나님은 아담이 불순종하여 선악과(善惡果)의 열매를 먹었을 때 즉각적으로 죽음의 심판을 행하지 아니하시고 오히려 아담과 하와에게 여자의 후손에 대한 약속과 가죽 옷을 지어 입히셨다(창 3:15, 21). 즉 사망의 심판에 대한 집행을 유예하는 은혜를 베푸셨다.

그리고 창세기 3장 16절부터 19절을 통하여 비록 아담과 하와에게 저주가 내려졌지만, 여전히 그들은 자녀를 낳고, 땅은 비록 가시덤불과 엉겅퀴를 내지만 그 먹을 소산을 내어주는 은혜를 베푸시는 것을 볼 수 있다. 즉 하나님은 아담이 범죄를 하여 죄와 심판의 아래에 있지만 은혜를 베푸셨고, 이러한 은혜는 홍수심판 이후에도 창세기 9장 1절 내지 17절의 기록된 말씀과 같이 노아 언약에서 갱신되어 마지막 심판이 오기 전까지는 여전히 땅에서 생육하고 번성하여 충만할 수 있는 일반은혜를 부여받았다는 것을 확인할 것이다.

한편 모든 인간은 땅에서 생육하고 번성하지만 전적인 타락성 (Total Depravity)으로 인하여 우리의 본성의 모든 면이 죄의 지배 아래에 있기 때문에 타인을 미워하고 살인에 이를 수 있는 가능성이 있는 존재이다. 그런데 하나님은 홍수 심판 이후의 인간에 대하여는 전(全) 지구적인 심판을 유예하는 은혜를 주심과 동시에 인간이 번성할 수 있도록 그들의 범죄를 억제하기 위하여 각자의 행위에 따라서 하나님의 전속적인 심판권에 속하였던 사형 권한을 인간에게 위임하였다는 것을 창세기 9장 6절을 통하여 증명할 것이다.

그리고 하나님은 이러한 사형집행 권한을 비록 오염되었지만 인간의 이성에 따라서 다른 피조물과는 차별화되는 사회성을 가진 인간이 국가를 세우도록 허용하는 일반은혜를 베푸셨다. 그리고 하나님은 그 일반은혜 가운데에서 인간으로 하여금 하나님의 통치질서에 부합되도록 이끌어 가심을 제시함으로써 국가가 사형제도를 실시하는 것이 성경에 반하지 않는다는 것을 논증할 것이다.

하나님의 주권적인 섭리에 부합한 사형제도의 운용방안

사형제도가 창세기 9장 6절의 노아 언약을 통하여 국가에 허용이 되었다고 하더라도, 구약의 율법에서 규정한 종교적인 사유를 이유로 일반은혜의 수단으로서 주어진 국가에서 사형제도를 강제할 수 있는지 여부에 대하여는 교회와 국가의 관계를 통하여 이를 부정할 것이다.

그리고 비록 국가에 대하여 사형제도를 실시할 권한이 성경에 합치된다고 하더라도 인간의 타락성으로 말미암아 얼마든지 남용이 될 수 있기 때문에 사형을 부과할 수 있는 범죄를 구약의 율법의 정신을 바탕으로 제한을 할 것이다. 나아가 사형제도의 반대론자들이 주장하는 바와 같이 사형제도는 인간의 목숨을 빼앗는 최악의 형벌로서 그 적용과 집행을 함에 있어서 더욱 신중해야 함에는 분명하다고 할 것이다. 이러한 관점에서 적어도 사형제도를 시행하는 국가라도 일반은혜의 관점에서 지켜져야 할 절차나 집행의 방법에 대하여도 조언할 것이다.

논지의 정리

이상의 논지를 정리하여 보면 언약신학의 입장에서 창세기 3장 15절, 창세기 3장 16절 내지 19절, 9장 1절 내지 17절을 보면 특별은혜로 이끌기 위하여 이스라엘 백성에게 수여한 율법을 가지고 일반은혜의 수단인 국가에게 직접적으로 적용함으로써 사형제도의 찬성과 반대의 근거로 삼는 것은 언약신학의 관점에서 타당하지 않다는 것이다. 그리고 하나님은 일반은혜의 수단인 국가로 하여금 사형제도를 실시하도록 허락하신 것은 창세기 9장 6절의 노아언약의 취지에 합치된다는 것이다. 다만, 사형제도의 참혹성으로 말미암아 국가는 일반은혜의 섭리에 맞추어서 이를 운용해야 하는 것이 창조주의 뜻에 부합하는 것이라고 할 것이다.

방법론

언약신학적인 관점에서의 고찰

필자는 본 논문의 주제의 정당성의 근거를 도출하기 위하여 최종 결론부분에서 사형을 규정할 수 있는 범죄의 기준과 사형제도를 실시하기 위한 각종 제도적 방안을 강구하는 것을 제외하고는 사회정책적인 부분에서의 사형제도의 찬성과 반대의 논거를 배제함으로써 오직 언약신학을 바탕으로 한 성경신학적인 관점에서 사형제도만을 바라보고자 할 것이다. 다만 고대의 함무라비 법전을 살펴봄으로써 하나님이 허락하신 일반은혜의 수단인 국가가 고대에서는 어떻게 사형제도를 만들고 집행을 하였는지 살펴봄으로써 필자의 주장의 정당성을 역사적으로 뒷받침할 것이다.

그리고 언약신학, 일반은혜, 특별은혜, 행위언약, 은혜언약, 구속언약 등의 개념에 대해서도 깊이 있게 고찰하기 보다는 기존의 개혁주의 신학, 언약신학, 성경신학에서 사용하는 대표적인 개념을 뜻을 사용함으로써 논제에 집중할 것이다.

신학적인 입장과 용어의 통일

필자는 루터주의와는 구별되는 칼뱅(Jean Calvin)의 개혁주의 신학의 입장에서 일반은혜(common grace)를 서술할 것이다. 그리고 일반은혜의 용어에 대하여는 후기 개혁신학에서는 보통은혜(은총) (*gratia communis*)이라는 명칭이, 선택된 자들에게만 제한되는 은혜를 특별은혜(은총) (*gratia particularis*)으로 표현을 하지만, 네덜란드 신학에서는 '보통'이라는 *communis*가 '일반적인'의 *algemee*로 사용되어 종종 *algemeene gerade*로 말하는 것이 관례화 되어 있어서 일반은혜로 사용되고 있는데, 본 논문에서는 일반은혜라는 명칭으로 사용하고,[14] 이와 대비되는 *gratia particularis*에 대해서는 특별은혜라는 명칭으로 사용할 것이다.

나아가 전항에서 칼뱅의 개혁주의 신학의 입장이기 때문에 필자가 주장하는 일반은혜는 알미니우스주의적인 입장에서 주장하는 일반은혜와 구별이 됨을 분명히 한다. 알미니우스주의자들은 일반은혜를 통하여 영적인 선을 행하고, 이를 통하여 구원에 이를 수 있다고 주장하기 때문에 이는 개혁주의 신학에서는 받아들이기 어려운 개념이라고 할 것이다.

국제연합의 인권규약 등의 활용

끝으로 성경에서 허용하는 사형제도의 본질을 잘 규명한 이후에 국제연합의 세계인권선언, 시민적 및 정치적 권리에 관한 국제규약, 미국의 Gregg vs Georgia 428 U.S. 153 (1976) 판결, 한국의 헌법재판소 1996. 11. 28. 95헌바1 결정, 2004. 12. 16. 2003헌가12 결정, 대전고등법원 2022노310 판결, 대법원 2023도2043 판결을 분석할 것이다.

---

14) 루이스 벌코프, 벌코프 조직신학, 이상원, 권수경 역 (파주: CH북스, 2019), 709.

이렇게 함으로써 사형제도의 반대론자들이 주장하는 사형이라는 형벌의 참혹성, 그리고 사형제도의 오·남용을 방지하기 위해서 오늘날의 민주국가에서 사형이라는 형벌을 규정할 때에는 어떠한 원칙을 따라야 할 것인지, 그리고 사형이 규정되어 있는 범죄라도 판결로써 선고하고 확정된 판결이 집행될 때에도 어떠한 절차를 통해서 이루어져야만 적절한지 모색할 것이다.

참고로 인용한 한글성경은 개역개정을 사용하고, 히브리어 성경은 BIBLIA HEBRAICA STUTTGARTENSIA(BHS), 헬라어 성경은 NOVUM TESTAMENTUM GRAECE(UBS)를 사용하기로 한다.

본 장(章)을 맺으며

한국에서의 사형제도의 찬반의 논의와 더불어서 종교계의 찬반의 논의도 이상에서 살펴본 바와 같이 각각의 입장에서 상당한 타당성이 있는 근거를 바탕으로 주장되고 있다. 이러한 상황에서 기독교계에서는 각자의 필요에 따라서 같은 성경을 가지고도 다양한 해석을 함으로써 정돈된 입장을 내 놓지 못하고 있는 안타까운 상황이 본 논문의 작성 배경이 되었다. 필자는 이상과 같은 논지와 방법론을 통하여 기존의 사형제도에 대한 찬반의 논거에서 주장하는 근거에 대하여 **언약신학**[15]적인 입장에서 올바른 성경해석의 길을 제시하고자 한다. 나아가 교회와 국가의 올바른 영역을 분리하고, 비록 사형제도가 성경적으로 허용이 되었다고 하더라도 국가는 하나님의 **일반은혜**의 섭리 아래에서 사회질서 유지를 위하여 **필요 · 최소한의 범위**내에서 운용이 될 수 있는 방향을 제시함으로써 일반은혜의 수단인 국가제도 안에서 **하나님의 영광**이 가려지지 않도록 함으로써 본 논문의 소임을 다하고자 한다.

---

15) 이하에서 필자가 특별히 강조하고자 하는 인명, 사건, 개념 등에는 굵고 진하게 표시하였다.

· 제2장 ·

하나님 특별은혜와
율법의 역할

도입말

개혁파 신학은 일반은혜와 특별은혜를 구분하면서, **특별은혜**는 죄책과 죄의 부패를 제거하고, 정죄(定罪) 선언을 해제함으로써 구원에 이르게 하는 은혜를 말한다. 반면 **일반은혜**는 구원 은혜와 밀접한 관련이 있지만 죄를 제거하거나 인간을 죄에서 해방시키지는 못하고, 다만 죄의 외면적인 발현을 억제하며 외면적인 도덕과 예의, 사회 안의 선한 질서, 그리고 시민적인 의(義), 과학과 예술의 발전 등을 증진시키는 은혜로 보고 있다.

따라서 일반은혜는 영적인 영역이 아니라 자연적인 영역에서 역사하고, 일반은혜와 특별은혜는 현세에서는 서로 밀접한 관계를 맺고 있지만, 이들은 양적(量的)으로가 아니라 본질적(本質的)으로 구분되는 것이라고 말한다.[16] 결국 특별은혜는 구원받을 개인, 즉 영광에 들어갈 개인을 다루는 것으로서 구속(救贖)의 황금사슬이 인격적이며 주권적인 선택으로부터 내려오지 않는다면 하나님의 자녀의 영혼은 결코 건짐을 받지 못하는 것을 말한다.[17] 이러한 용어의 관점에서 창세기 3장 15절의 여자의 후손을 통한 구원이 바로 특별은혜의 섭리와 연관됨을 살펴보고 일반은혜는 제3장에서 상세(詳細)하기로 한다.

---

16) 벌코프. 위의 책. 714.
17) 아브라함 카이퍼, 일반은혜. 임원주 역 (서울: 부흥과개혁사, 2019), 38.

특별은혜를 베푸시기 위하여 보내실 여자의 후손

아담의 범죄와 여자의 후손에 대한 약속

하나님은 아담을 창조하시고 에덴에 두신 후에 아담에게 선악과의 열매를 먹지 못하도록 명령하시고 이를 어길 경우에는 반드시 죽음에 대한 심판이 있을 것임을 선포하셨다.

> [17] 선악을 알게 하는 나무의 열매는 먹지 말라 네가 먹는 날에는 **반드시 죽으리라** 하시니라(창 2:17) [18]

> [17]וּמֵעֵץ הַדַּעַת טוֹב וָרָע לֹא תֹאכַל מִמֶּנּוּ כִּי בְּיוֹם אֲכָלְךָ מִמֶּנּוּ מוֹת תָּמוּת:

그런데 아담은 하와와 함께 하나님이 금지하신 선악과의 열매를 먹었다. 그렇지만 하나님은 하나님의 낯을 피하여 숨은 아담에게 즉시 사망의 심판과 집행을 하지 않으시고 오히려 창세기 3장 15절에서 **여자의 후손**에 대한 약속을 주셨다.

> [15] 내가 너로 여자와 원수가 되게 하고 네 후손도 여자의 후손과 원수가 되게 하리니 **여자의 후손은 네 머리를 상하게 할 것**이요 너는 그의 발꿈치를 상하게 할 것이니라 하시고.(창 3:15)

---

18) 히브리어 성경의 구절표시는 해당 성경구절의 마지막에 위치하는 것으로 편집하였다. 이하 같다.

한편, 창세기 3장 20절, 4장 1절을 보면 아담과 하와는 하나님이 약속하신 여자의 후손에 대한 약속이 곧바로 시행될 것이라는 믿음으로 나아간 것으로 보여진다.

> [20] 아담이 그의 아내의 이름을 **하와**라 불렀으니 그는 모든 산 자의 어머니가 됨이더라.(창 3:20)

> [1] 아담이 그의 아내 하와와 동침하매 하와가 임신하여 가인을 낳고 이르되 내가 여호와로 말미암아 득남하였다 하니라.(창 4:1)

아담은 하나님으로부터 여자의 후손에 대한 약속과 저주의 심판 이후에 그의 아내를 **하와**라 부른 이유는 하나님으로부터 여자의 후손에 대한 약속을 믿고 이를 소망하였기 때문에 '산 자의 어머니'의 뜻을 가진 하와로 이름을 지은 것으로 보여진다. 그리고 아담은 바로 이러한 하와로부터 가인을 얻었기에 위 '여호와로 말미암아 득남하였다'라는 뜻을 가진 가인이라고 이름을 지었다. 한편, 여호와로 말미암아를 Vulgata 성경에서는 *per Dominum* 이라고 하여 '하나님의 도우심으로 말미암아'로 번역하고 있다는 점은 하나님이 약속하신 여자의 후손의 약속을 믿었다는 것을 잘 보여준다.[19]

그런데 아담이 에덴 동산의 동쪽 문으로 내쫓겨서 떠나온 것처럼 (창 3:24), 가인 역시 아벨을 죽이고 난 이후에 하나님을 더욱 떠나가서 에덴 동쪽 놋 땅에 거주하였다. 이처럼 가인은 하나님이 약속하신

---

19) 강병도 편, NEW 호크마 주석 구약I (서울: 기독지혜사, 2013), 118.

여자의 후손이 아니라는 점은 바로 드러났다. 결국 아담은 하나님이 약속하셨던 그 여자의 후손을 다시 기다려야만 되는 위치에 있었다. 한편, 오늘날 성경에 대한 지식의 발달로 말미암아 창세기 3장 15절에서의 여자의 후손이 예수 그리스도라는 사실은 대부분 알고 있지만, 이러한 부분이 명확하게 증명이 되기 위해서는 이하에서 보는 바와 같이 상당한 노력이 필요하다.

성령으로 잉태되고 인자(人子)로 오셔야 하는 여자의 후손

여자의 후손이 가리키는 인물의 특성을 명확하게 하기 위하여 문법적으로 **הוּא הָעֶרַזִ**(자르아흐 후)를 분석하여 보면 3인칭 단수 대명사와 남성 단수 연계형을 사용하고 있다. 그리고 후손이라는 **הָעֶרַזִ**(자르아흐)는 씨, 정액, 후손이라는 뜻으로 남자의 씨로 된, 남자의 정액으로 된 후손을 의미한다. 그래서, **여자의 후손**이라는 의미는 결국 남자의 씨로 되지 아니한 후손을 말한다는 것임을 알 수 있다.

> [15] 내가 너로 여자와 원수가 되게 하고 네 후손도 여자의 후손과 원수가 되게 하리니 **여자의 후손**은 네 머리를 상하게 할 것이요 너는 그의 발꿈치를 상하게 할 것이니라 하시고.(창 3:15)

> אֵיבָה I אָשִׁית בֵּינְךָ וּבֵין הָאִשָּׁה וּבֵין זַרְעֲךָ וּבֵין זַרְעָהּ הוּא יְשׁוּפְךָ רֹאשׁ וְאַתָּה
> תְּשׁוּפֶנּוּ עָקֵב׃[15]

그렇다면 여자의 후손은 인간의 생식(生植)이 아닌 하나님의 특별한 능력, 곧 **성령**으로 잉태되어야만 되는 것임을 잘 보여준다고 할 것이다. 마태복음 1장 18절 내지 25절은 이를 잘 드러내 주고 있다.

> ¹⁸ 예수 그리스도의 나심은 이러하니라 그의 어머니 마리아가 요
> 셉과 약혼하고 동거하기 전에 **성령으로 잉태된 것이 나타났더니**
> ¹⁹ 그의 남편 요셉은 의로운 사람이라 그를 드러내지 아니하고 가
> 만히 끊고자 하여 ²⁰ 이 일을 생각할 때에 주의 사자가 현몽하여 이
> 르되 다윗의 자손 요셉아 네 아내 마리아 데려오기를 무서워하지
> 말라 **그에게 잉태된 자는 성령으로 된 것이라** ²¹ 아들을 낳으리니
> 이름을 예수라 하라 이는 그가 자기 백성을 그들의 죄에서 구원할
> 자이심이라 하니라 ²² 이 모든 일이 된 것은 주께서 선지자로 하신
> 말씀을 이루려 하심이니 이르시되 ²³ 보라 **처녀가 잉태**하여 아들
> 을 낳을 것이요 그의 이름은 임마누엘이라 하리라 하셨으니 이를
> 번역한즉 하나님이 우리와 함께 계시다 함이라 ²⁴ 요셉이 잠에서
> 깨어 일어나 주의 사자의 분부대로 행하여 그의 아내를 데려왔으
> 나 ²⁵ 아들을 낳기까지 동침하지 아니하더니 낳으매 이름을 예수
> 라 하니라.(마 1:18~25)

다음으로 비록 성령으로 잉태가 된다고 하더라도 여자의 후손으
로 오셔야 하기 때문에 그 역시 **사람**이어야 한다. 그렇기 때문에 여
자의 후손은 반드시 **인자(人子)**(Son of Man, כְּבַר אֱנָשׁ)로 오셔야만
된다. 그런데 **인자**라는 칭호는 다니엘서 7장 13절에 따르면 종말에
이르러 인간의 몸을 입으시고 인류의 구원을 위해 이 땅에 오실 자
로 인식되고 있다.

> ¹³ 내가 또 밤 환상 중에 보니 **인자 같은 이가** 하늘 구름을 타고 와
> 서 옛적부터 항상 계신 이에게 나아가 그 앞으로 인도되매 ¹⁴ 그에
> 게 권세와 영광과 나라를 주고 모든 백성과 나라들과 다른 언어를
> 말하는 모든 자들이 그를 섬기게 하였으니 **그의 권세는 소멸되지**

아니하는 영원한 권세요 그의 나라는 멸망하지 아니할 것이니라
¹⁵ 나 다니엘이 중심에 근심하며 내 머리 속의 환상이 나를 번민하
게 한지라 ¹⁶ 내가 그 곁에 모셔 선 자들 중 하나에게 나아가서 이
모든 일의 진상을 물으매 그가 내게 말하여 그 일의 해석을 알려
주며 이르되 ¹⁷ 그 네 큰 짐승은 세상에 일어날 네 왕이라 ¹⁸ 지극히
높으신 이의 성도들이 나라를 얻으리니 그 누림이 영원하고 영원
하고 영원하리라.(단 7:13~18)

　　신약성경에서 예수님이 **인자**라는 표현을 사용하는 것을 여러 군데
서 기록하고 있는데, 대표적으로 "그러나 인자가 세상에서 죄를 사하
는 권능이 있는 줄을 너희로 알게 하려 하노라 하시고 중풍병자에게
말씀하시되 일어나 네 침상을 가지고 집으로 가라 하시니"(마 9:6), "
인자는 안식일의 주인이니라 하시니라"(마 12:8), "인자가 아버지의
영광으로 그 천사들과 함께 오리니 그 때에 각 사람이 행한 대로 갚
으리라"(마 16:27), "그들이 산에서 내려올 때에 예수께서 명하여 이
르시되 인자가 죽은 자 가운데서 살아나기 전에는 본 것을 아무에게
도 이르지 말라 하시니"(마 17:9)라는 말씀을 예로 들 수 있다. 즉 예
수님은 여자의 후손으로서 구약의 선지자인 다니엘을 통하여 약속된
인자가 바로 당신 이심을 스스로 드러내셨다.

　　나아가 오실 여자의 후손은 뱀의 머리를 상하게 하는 약속을 성취
하여야만 우리는 창세기 3장 15절의 말씀을 이루는 것이라고 할 것
이다. 물론 우리는 여기서 말하는 아담과 하와를 유혹하여 선악과를
먹게 만든 그 뱀이 사탄이라는 것과 이러한 사탄은 최후적으로 하나
님의 심판을 받아서 영원한 불과 유황 못에 던져짐으로써 뱀의 머리

를 상하게 하는 것임을 성경을 통해서 확인할 수 있다(계 20:2, 10).

> ² **용을 잡으니 곧 옛 뱀**이요 마귀요 **사탄**이라 잡아서 천 년 동안 결박하여.(계 20:2)

> ¹⁰ 또 그들을 미혹하는 마귀가 불과 유황 못에 던져지니 거기는 그 짐승과 거짓 선지자도 있어 세세토록 밤낮 괴로움을 받으리라. (계 20:10)

아브라함 언약

다니엘서 7장 13절과 같이 예수님은 **인자**로 오시는데 이 인자가 오실 그 여자의 후손이라는 것을 세상에는 어떻게 증명을 할 것인가 하는 문제가 남아 있다. 이것이 증명이 되지 않는다면 세상에는 온갖 이단(異端)이 득세를 할 것이다. 지금도 그러한 시대에 살고 있기는 하지만 말이다. 그래서 하나님은 **보내실 인자**를 미리 계시 하셔야만 그 약속대로 오신 분이 하나님이 **보내신 인자**임을 세상은 알게 되는 것이다. 요한복음 5장 31절 내지 39절은 바로 이러한 사실을 기록하고 있는 것이다.

> ³¹ 내가 만일 나를 위하여 증언하면 내 증언은 참되지 아니하되 ³² **나를 위하여 증언하시는 이가 따로 있으니 나를 위하여 증언하시는 그 증언이 참인 줄 아노라** … ³⁶ 내게는 요한의 증거보다 더 큰 증거가 있으니 아버지께서 내게 주사 이루게 하시는 역사 곧 내가 하는 그 역사가 아버지께서 나를 보내신 것을 나를 위하여 증언하는 것이요 ³⁷ 또한 **나를 보내신 아버지께서 친히 나를 위하여 증언**

하셨느니라 너희는 아무 때에도 그 음성을 듣지 못하였고 그 형상을 보지 못하였으며 ³⁸ 그 말씀이 너희 속에 거하지 아니하니 이는 그가 보내신 이를 믿지 아니함이라 ³⁹ **너희가 성경에서 영생을 얻는 줄 생각하고 성경을 연구하거니와 이 성경이 곧 내게 대하여 증언하는 것이니라.**(요 5:31~39)

그리고 구약 성경에서의 약속대로 유대인의 왕으로 오실 예수님의 족보를 기록한 마태복음 1장 1절은 "아브라함과 다윗의 자손 예수 그리스도의 계보라"고 기록하면서 예수님은 육체로는 아브라함, 다윗의 혈통으로 오신다고 명확히 증언하고 있다. 나아가 마태복음 1장 1절에서의 기록을 바탕으로 아브라함 언약을 추적하기 위하여 창세기 22장 17절 내지 18절을 우리는 주목할 필요가 있다. 한편, 하나님이 위와 같이 아브라함과 맺은 언약을 언약신학에서 통상적으로 아브라함 언약이라고 한다. 그리고 **아브라함 언약**은 갈라디아서 3장 15절 내지 16절과 연결이 된다.

> ¹⁷ 내가 네게 큰 복을 주고 네 씨가 크게 번성하여 하늘의 별과 같고 바닷가의 모래와 같게 하리니 네 씨가 그 대적의 성문을 차지하리라 ¹⁸ 또 **네 씨로** 말미암아 천하 만민이 복을 받으리니 이는 네가 나의 말을 준행하였음이니라 하셨다 하니라.(창 22:17~18)

¹⁷כְכוֹכְבֵי הַשָּׁמַיִם וְכַחוֹל אֲשֶׁר עַל־ שְׂפַת הַיָּם וְיִרַשׁ זַרְעֲךָ אֵת שַׁעַר אֹיְבָיו:

¹⁸וְהִתְבָּרֲכוּ בְזַרְעֲךָ כֹּל גּוֹיֵי הָאָרֶץ עֵקֶב אֲשֶׁר שָׁמַעְתָּ בְּקֹלִי:

그리고 창세기 22장 17절, 18절의 "네 씨"로 기록된 זַרְעֲךָ(자르아카)는 남성 단수 연계형을 사용하고 있는데, 단수형을 사용한 이유는 갈라디아서 3장 15절 내지 16절에서 아브라함에게 약속한 씨가 바로 예수 그리스도를 가리키기 때문이다.

> ¹⁵ 형제들아 내가 사람의 예대로 말하노니 사람의 언약이라도 정한 후에는 아무도 폐하거나 더하거나 하지 못하느니라 ¹⁶ 이 약속들은 아브라함과 그 자손에게 말씀하신 것인데 여럿을 가리켜 그 자손들이라 하지 아니하시고 **오직 한 사람**을 가리켜 네 **자손**이라 하셨으니 곧 그리스도라.(갈 3:15~16)

> ¹⁵ Ἀδελφοί, κατὰ ἄνθρωπον λέγω· ὅμως ἀνθρώπου κεκυρωμένην διαθή κην οὐδεὶς ἀθετεῖ ἢ ἐπιδιατάσσεται.

> ¹⁶ δὲ ἐρρέθησαν αἱ ἐπαγγελίαι τῷ Ἀβραὰμ καὶ τῷ σπέρματι αὐτοῦ· οὐ λέγει· Καὶ τοῖς σπέρμασιν, ὡς ἐπὶ πολλῶν, ἀλλ᾽ ὡς ἐφ᾽ **ἑνός**· Καὶ τῷ **σπέρματί** σου, ὅς ἐστιν **Χριστός.**

즉 하나님은 예수 그리스도가 **아브라함 언약**을 통해서 인자로 오실 것을 이미 계시(啓示)하여 주셨다. 그리고 아브라함의 후손으로 말미암아 **천하 만민**이 복을 받는 위치에 있어야만 아브라함 언약이 온전히 성취되는 것이라고 할 것이다. 전정구 교수는 아브라함이 모리아 산 제단에서 이삭을 희생제물로 드리는 장면(창 22:1~14)을 잘 간파하여 다음과 같이 주장하고 있다.

아브라함이 모리아산 제단에서 이삭을 희생제물로 드리는 장면을 통해, 우리는 골고다 제단에서 희생제물로 드려지는 인자의 모습을 떠 올릴 수 있었다. 그런 의미에서, 이삭을 제단의 희생제물로 바쳤던 사건은 "여자의 후손"이 택자들의 죄를 사하기 위해, 그리고 개인 구원을 포함하여 약속된 모든 구속적 복을 가져오기 위해 "인자"로서 오게 될 것이라는 메시아 예언이었다.[20]

다윗 언약

아브라함 언약 이후에 하나님은 이삭, 야곱 그리고 야곱의 열 두 아들을 통하여 애굽에서 400년간의 노예의 삶을 통하여 큰 민족을 이루게 하신 후에 그들을 가나안 땅으로 이끌어 들이시고, 이 가나안 땅을 정복하게 하신 후에 다윗을 왕으로 세우기에 이르신다. 하나님은 사무엘하 7장에서의 기록과 같이 다윗이 왕이 된 후에 하나님을 위한 성전을 짓고자 하는 마음을 가졌을 때, 다윗에게 **그 씨**로 말미암아 "그의 나라 왕위를 영원히 견고"하게 할 것을 말씀하셨다. 이 약속을 언약신학에서는 통상적으로 **다윗 언약**이라고 칭하는 바 그 용례대로 본 논문에서 사용하기로 한다.

> [12] 네 수한이 차서 네 조상들과 함께 누울 때에 내가 네 몸에서 날 **네 씨**를 네 뒤에 세워 그의 나라를 견고하게 하리라 [13] 그는 내 이름을 위하여 집을 건축할 것이요 나는 그의 나라 왕위를 **영원히** 견고하게 하리라.(삼하 7:12~13)

---

20) 전정구, 성경신학, 김태형 역(서울: 부흥과개혁사, 2019), 184~185.

כִּי ׀ יִמְלְא֣וּ יָמֶ֗יךָ וְשָׁכַבְתָּ֙ אֶת־אֲבֹתֶ֔יךָ וַהֲקִימֹתִ֤י אֶֽת־זַרְעֲךָ֙ אַחֲרֶ֔יךָ אֲשֶׁ֥ר יֵצֵ֖א מִמֵּעֶ֑יךָ וַהֲכִינֹתִ֖י אֶת־מַמְלַכְתּֽוֹ׃[12]

ה֥וּא יִבְנֶה־בַּ֖יִת לִשְׁמִ֑י וְכֹנַנְתִּ֛י אֶת־כִּסֵּ֥א מַמְלַכְתּ֖וֹ עַד־עוֹלָֽם׃[13]

    한편 하나님은 다윗이 밧세바와 간음하고 우리아 장수를 살해함으로써 율법을 범한(삼하 11:1~27) 장면에서, 모세의 율법대로 다윗을 죽음으로 심판하지 아니하시고 다윗이 회개하였을 때 용서하셨다. 바로 이 부분에서 우리는 하나님은 다윗이 범한 잘못을 율법의 눈으로 본 것이 아니라 다윗과 맺은 언약의 눈으로 보셨기 때문에 조건없이 용서를 하셨다는 것을 확인할 수 있다.

> [13] 다윗이 나단에게 이르되 내가 여호와께 죄를 범하였노라 하매 나단이 다윗에게 말하되 여호와께서도 당신의 죄를 사하셨나니 당신이 죽지 아니하려니와.(삼하 12:13)

    그런데 이후의 이스라엘의 역사를 보면 솔로몬 이후에 이스라엘은 북쪽의 이스라엘과 남쪽의 유다로 분열이 되었고, 열왕기와 역대기의 기록과 역사에서 볼 수 있듯이 북쪽 이스라엘은 BC 722년경에 앗시리아에, 남쪽 유다는 BC 586년경에는 바벨론에 의하여 완전히 멸망당하고 70년간 포로 생활을 하였다. 그리고 바사의 고레스 왕의 칙령에 의하여 이스라엘 백성의 일부는 유대로 복귀를 하여 스룹바벨 성전을 건축하기는 하였지만(대하 36:22~23), 이스라엘은 헬라와 로마 제국에 의하여 정복을 당하였다. 즉 혈통적인 다윗의 왕가는 이 땅에서 영원한 왕위를 세우지 못하였다. 그렇다면 우리는 이 땅에서의 왕위가 아니라 영원한 나라에서의 왕위를 영원히 견고하게 세우실 다윗의 혈통으로서 예수 그리스도를 향할 수밖에 없게 되었다.

한편 전정구 교수는 바로 이러한 점을 이유로 **다윗 언약**을 영원한 언약으로 분류할 경우에 주의해야 할 점과 더불어 영원한 언약의 성취에 대하여 다음과 같이 주장하고 있다.[21]

> 고대 이스라엘 역사 안에서, 아브라함과 다윗 언약은 둘 다 영원한 언약으로 묘사된다. 특히, **다윗 언약을 영원한 언약으로 분류한 것은 구속사적**으로 볼 때 매우 중요한 의미를 가진다. 여기서 주의해야 할 점은, 다윗 왕조의 영속성이 세대주의자들이 주장하는 바대로 지상에서의 천년왕국을 통해 이루어지는 것이 아니라는 점이다. **영원한 다윗의 나라는 오히려 메시아의 첫 번째 강림을 통해 수립**되고, **예수 그리스도께서 만왕의 왕으로 영원히 다스리실 천상의 하나님 나라를 통해 완성**될 것이기 때문이다.

아브라함·다윗 언약대로 유대 왕의 혈통으로 오신 예수 그리스도

성경은 참으로 아이러니(ironical)하게도 하나님이 약속하신 다윗의 씨로 오신 예수님에 대하여는 정작 보지 못하는 맹인들에 의하여 자주 증명이 되었다는 것이다.

---

21) 전정구, 위의 책, 337.

³⁰ 맹인 두 사람이 길 가에 앉았다가 예수께서 지나가신다 함을 듣고 소리 질러 이르되 주여 우리를 불쌍히 여기소서 **다윗의 자손**이여 하니 ³¹ 무리가 꾸짖어 잠잠하라 하되 더욱 소리 질러 이르되 주여 우리를 불쌍히 여기소서 다윗의 자손이여 하는지라. (마 30~31)

그래서 예수님은 날 때부터 맹인 된 사람의 눈을 뜨게 하신 후에 요한복음 9장 35절 내지 41절의 말씀과 같이 "보지 못하는 자들은 보게 하시고 보는 자들은 맹인이 되게 하려" 하신다고 말씀하셨던 것이다.

³⁵ 예수께서 그들이 그 사람을 쫓아냈다 하는 말을 들으셨더니 그를 만나사 이르시되 **네가 인자를 믿느냐** ³⁶ 대답하여 이르되 주여 그가 누구시오니이까 내가 믿고자 하나이다 ³⁷ 예수께서 이르시되 네가 그를 보았거니와 지금 너와 말하는 자가 그이니라 ³⁸ 이르되 주여 내가 믿나이다 하고 절하는지라 ³⁹ 예수께서 이르시되 내가 심판하러 이 세상에 왔으니 **보지 못하는 자들은 보게 하고 보는 자들은 맹인이 되게 하려 함이라 하시니** ⁴⁰ 바리새인 중에 예수와 함께 있던 자들이 이 말씀을 듣고 이르되 우리도 맹인인가 ⁴¹ **예수께서 이르시되 너희가 맹인이 되었더라면 죄가 없으려니와 본다고 하니 너희 죄가 그대로 있느니라.**(요 9:35~41)

그런데 예수님은 여자의 후손으로서 성령으로 잉태되어 오셨기에 다윗의 집 족속인 요셉의 씨로 출생하지 아니하셨다. 그렇다면 예수님은 어떻게 **다윗의 후손**으로 칭함을 받을 수 있는지 의문이 들 수 있다. 그러나 이 부분은 누가복음 2장을 통해서 다윗의 족속인 요셉은 아기 예수를 다윗의 가문으로 입양함으로써 호적에 올린 사실을 통하여 쉽게 설명이 된다.

누가복음 2장 1절 내지 7절을 보면 다윗의 집 족속인 요셉이 고향인 베들레헴에 있을 때에 마리아는 이미 성령으로 아기 예수를 잉태하고 있었고, 베들레헴에 있을 그 때에 아기 예수를 해산하였고, 누가복음 2장 22절 내지 27절과 같이 아기 예수를 모세의 법대로 정결예식을 예루살렘에서 행한 사실을 알 수 있다.

> [1] 그 때에 가이사 아구스도가 영을 내려 천하로 다 호적하라 하였으니 [2] 이 호적은 구레뇨가 수리아 총독이 되었을 때에 처음 한 것이라 [3] 모든 사람이 **호적하러 각각 고향**으로 돌아가매 [4] **요셉도 다윗의 집 족속**이므로 갈릴리 나사렛 동네에서 유대를 향하여 베들레헴이라 하는 다윗의 동네로 [5] 그 약혼한 마리아와 함께 호적하러 올라가니 마리아가 이미 잉태하였더라 [6] **거기 있을 그 때에 해산할 날이 차서** [7] **첫 아들을 낳아** 강보로 싸서 구유에 뉘었으니. (눅 2:1~5)

> [22] 모세의 법대로 **정결예식**의 날이 차매 아기를 데리고 **예루살렘**에 올라가니 [23] 이는 주의 율법에 쓴 바 첫 태에 처음 난 남자마다 주의 거룩한 자라 하리라 한 대로 아기를 주께 드리고 [24] 또 주의 율법에 말씀하신 대로 산비둘기 한 쌍이나 혹은 어린 집비둘기 둘로 제사하려 함이더라 [25] 예루살렘에 시므온이라 하는 사람이 있으니 이 사람은 의롭고 경건하여 이스라엘의 위로를 기다리는 자라 성령이 그 위에 계시더라 [26] 그가 주의 그리스도를 보기 전에는 죽지 아니하리라 하는 성령의 지시를 받았더니 [27] 성령의 감동으로 성전에 들어가매 마침 **부모가 율법의 관례대로 행하고자 하여 그 아기 예수를 데리고 오는지라.** (눅 2:22~27)

그리고 누가복음 2장 33절, 41절, 48, 50절에는 요셉과 마리아를 **부모**로 기록하고 있다. 즉 다윗의 집 족속인 요셉은 성령으로 잉태되고 마리아가 출산한 아기 예수를 다윗의 족속으로 입양을 하였기 때문에 예수님의 부모로 칭함을 받은 것이다. 따라서 예수 그리스도는 여자의 후손이라는 언약의 성취를 이루시기 위하여 성령으로 잉태 되셨고, 다윗의 혈통으로 오실 분이라는 언약의 성취를 위하여 육체로는 다윗의 집 족속인 요셉의 아들로 오신 분이시다.

> 33 그의 **부모**가 그에 대한 말들을 놀라게 여기더라.(눅 2:33)
> 41 그의 **부모**가 해마다 유월절이 되면 예루살렘으로 가더니.
> (눅 2:41)
> 48 그의 **부모**가 보고 놀라며 그의 어머니는 이르되 아이야 어찌하여 이렇게 하였느냐 보라 네 아버지와 내가 근심하여 너를 찾았노라.
> (눅 2:48)
> 50 그의 **부모**가 그가 하신 말씀을 깨닫지 못하더라.(눅 2:50)

그리고 **유대인의 왕**으로 오신 예수님에 대하여는 예수님을 십자가에 못 박은 빌라도의 입과 십자가 위에 붙인 패(牌)를 통하여 증거 하셨다.

> 33 이에 빌라도가 다시 관정에 들어가 예수를 불러 이르되 **네가 유대인의 왕이냐** 34 예수께서 대답하시되 이는 네가 스스로 하는 말이냐 다른 사람들이 나에 대하여 네게 한 말이냐 35 빌라도가 대답하되 내가 유대인이냐 네 나라 사람과 대제사장들이 너를 내게 넘겼으니 네가 무엇을 하였느냐 36 예수께서 대답하시되 내 나라는 이 세상에 속한 것이 아니니라 만일 내 나라가 이 세상에 속한 것이었더라면 내 종들이 싸워 나로 유대인들에게 넘겨지지 않게 하였으리라 이제 내 나라는 여기에 속한 것이 아니니라 37 **빌라도가 이르되 그러면 네가 왕이 아니냐 예수께서 대답하시되 네 말과 같**

이 내가 왕이니라 내가 이를 위하여 태어났으며 이를 위하여 세상에 왔나니 곧 진리에 대하여 증언하려 함이로라 무릇 진리에 속한 자는 내 음성을 듣느니라 하신대.(요 18:33~37)

¹⁹ 빌라도가 패를 써서 십자가 위에 붙이니 **나사렛 예수 유대인의 왕**이라 기록되었더라.(요 19:19)

진실로 예수 그리스도의 오심은 하나님의 구약에서의 언약대로 아브라함과 다윗 언약에 따라서 유대 왕의 혈통으로 오셔서 이를 성취하셨다. 그리고 다윗 언약의 또 하나의 요소인 그의 나라의 왕위를 영원히 견고하게 하신다는 약속과 관련하여서 이 땅에서의 왕위의 도래(到來)는 예수님의 초림(初臨)을 통해서, 그리고 궁극적인 성취는 요한계시록 22장과 같이 이루어질 것이다.

¹ 또 그가 수정 같이 맑은 생명수의 강을 내게 보이니 하나님과 및 어린 양의 보좌로부터 나와서 ² 길 가운데로 흐르더라 강 좌우에 생명나무가 있어 열두 가지 열매를 맺되 달마다 그 열매를 맺고 그 나무 잎사귀들은 만국을 치료하기 위하여 있더라 ³ 다시 저주가 없으며 하나님과 그 **어린 양의 보좌**가 그 가운데에 있으리니 그의 종들이 그를 섬기며 ⁴ 그의 얼굴을 볼 터이요 그의 이름도 그들의 이마에 있으리라 ⁵ 다시 밤이 없겠고 등불과 햇빛이 쓸 데 없으니 이는 주 하나님이 그들에게 비치심이라 그들이 세세토록 왕 노릇 하리로다.(계 22:1~5)

¹⁶ 나 예수는 교회들을 위하여 내 사자를 보내어 이것들을 너희에게 증언하게 하였노라 나는 **다윗의 뿌리요 자손**이니 곧 광명한 새 벽 별이라 하시더라.(계 22:16)

소결론

참으로 하나님은 창세기 3장 15절에 약속하셨던 여자의 후손을 통한 택한 백성을 구원으로 이끄시기 위한 **특별은혜**를 이루시기 위하여 남자의 씨로 되지 아니하고 성령으로 잉태하신, 그리고 아브라함과 다윗에게 언약하신 대로 아브라함, 다윗 혈통의 유대인의 왕으로 보내셨다. 그리고 그 여자의 후손이신 예수 그리스도는 이 땅에 오셔서 십자가에서 사탄의 머리를 상하게 하셨고 궁극적으로는 영원한 왕위를 견고하게 하실 것이다. 이렇게 성령과 육체로 오셔서 하나님 나라를 증거하시고 우리의 죄를 짊어지신 그 여자의 후손이 바로 예수 그리스도라는 사실을 논증함으로써 다음에 이어지는'하나님은 왜 율법을 주셨는가'하는 부분에 대한 실마리를 풀 수 있게 되는 것이다.

죄와 심판 아래에 있는 인간

행위언약과 은혜언약의 개념

앞으로의 논의의 진행을 위하여 **행위언약**의 개념에 대한 설명이 필요하다. 하나님이 아담과 맺은 언약과 같이 상대방의 순종이라는 조건에 따라서 영생과 같은 종말론적 축복 효과가 주어지는 언약을 일반적으로 행위언약이라고 한다. 이에 반하여 **은혜언약**은 구원에 관하여 인간의 희생을 요구하지 않는 은혜로운 언약이며, 그리고 신앙과 순종을 조건으로 하지만, 인간의 공로가 필수적이 아니라는 점에서 무조건적인 것이 특징이다(엡2:8). 행위언약과 은혜언약의 차이점에 대한 상세한 논의는 본 논문의 주제의 범위를 벗어나기 때문에 향후 전개되는 논지의 이해를 위하여 전술한 정도로 정의하기로 한다.

한편, 웨스트민스터 신앙고백서 7.2에서는 이러한 행위언약을 다음과 같이 설명하고 있다.

> 사람과 맺은 첫 언약은 행위 언약이었는데, 거기서 온전한 개인적 순종을 조건으로 아담과 그의 안에 있는 그의 후손에게 생명이 약속되었다.

> The first covenant made with man was a covenant of works, whrerein life was promised to Adam; and in him to his posterity, upon condition of perfect and personal obedience.

행위언약의 교리에 관한 역사는 비교적 짧다. 즉 초대 교회 교부들의 글에서는 언약 개념이 거의 발견되지 않지만, 언약 개념이 내포하고 있는 요소들 곧 시험적 명령, 선택의 자유, 죄와 죽음의 가능성 등은 모두 언급되어 있다.[22]

한편 행위언약의 언약의 당사자들의 요소를 보면 이중적인 지위를 가지고 있다는 것을 알 수 있다. 왜냐하면 하나님은 창조주이시고 그 상대방은 피조물인 아담이기 때문에 토기장이와 질그릇의 비유

---

22) 루이스 벌코프, 벌코프 조직신학, 이상원, 권수경 역 (파주: CH북스, 2019), 447.

(롬 9:21)와 같이 하나님의 절대적 주권 앞에 아담이 계약의 상대방으로 등장할 수 없기 때문이다. 그렇지만 하나님의 낮아지심으로 인하여 자신을 친구로 계시하시면서 인간이 순종함으로써 자신의 상태를 증진시킬 수 있게 하시는 은혜를 베푸셨기 때문에 아담은 언약의 상대방으로 설 수 있게 되었다.[23]

그리고 행위 언약에 의하여 주어지는 위대한 약속은 영생의 약속이다. 왜냐하면 "네가 먹는 날에는 정녕 죽으리라"는 말씀은 아담이 먹는 것을 억제했다면 죽지 않고 죽음의 가능성을 넘어서 끌어올림을 받게 되리라는 것을 암시해 주고 있기 때문이다. 여기서 암시된 약속의 의미는 순종할 경우에 아담에게 그 이전과 같이 평범한 자연적인 삶을 계속해서 영위할 수 있도록 허용할 것이라는 의미는 분명히 아닐 것이다. 그 이유는 그런 삶은 이미 창조시에 주어진 것으로서 순종에 대한 보상으로 간주될 수 없는 것이기 때문이다.[24] 그리고 실제로 요한계시록을 통하여 구원받은 백성이 받는 복락(福樂)은 예수 그리스도의 완전한 순종으로 얻은 영생복락을 얻고 있다는 것을 보면 잘 알 수 있다(계 22:1~5). 그리고 이러한 행위언약의 약속은 절대적으로 완전히 순종하여야만 되는 조건적인 관계이다.

---

23) 벌코프, 위의 책. 452.
24) 벌코프, 위의 책. 452.

행위언약의 상대방으로서 인류의 대표자인 아담

우리는 다시 창세기 3장 15절 내지 19절로 돌아갈 필요성이 있다. 하나님은 여자의 후손을 약속을 하셨지만 여자의 후손이 오실 **그 때**에 대하여 밝히지 아니하셨고, 아담과 하와의 죄로 말미암아 창세기 3장 16절 내지 19절에서는 아담과 하와 뿐만 아니라 **땅**에게도 저주가 선포되었다.

> [15] 내가 너로 여자와 원수가 되게 하고 네 후손도 여자의 후손과 원수가 되게 하리니 **여자의 후손은 네 머리를 상하게 할 것**이요 너는 그의 발꿈치를 상하게 할 것이니라 하시고 [16] 또 여자에게 이르시되 내가 네게 **임신하는 고통**을 크게 더하리니 네가 수고하고 자식을 낳을 것이며 너는 남편을 원하고 남편은 너를 다스릴 것이니라 하시고 [17] 아담에게 이르시되 네가 네 아내의 말을 듣고 내가 네게 먹지 말라 한 나무의 열매를 먹었은즉 **땅은 너로 말미암아 저주를 받고 너는 네 평생에 수고하여야 그 소산을 먹으리라** [18] **땅이 네게 가시덤불과 엉겅퀴를 낼 것**이라 네가 먹을 것은 밭의 채소인즉 [19] 네가 흙으로 돌아갈 때까지 얼굴에 땀을 흘려야 먹을 것을 먹으리니 네가 그것에서 취함을 입었음이라 **너는 흙이니 흙으로 돌아갈 것이니라** 하시니라. (창 3:15~19)

이러한 인간은 하나님의 **일반은혜** 아래에서 여전히 살아가고 있다. 그렇지만 우리 각자는 하나님과 아담처럼 행위언약을 맺은 사실이 없기 때문에 여전히 아담의 혈통으로 출생한 피조물로서 행위언약 아래 가운데에 있는가에 대해서 의견이 대립되고 있다.[25]

---

25) 벌코프. 위의 책. 456.

행위언약은 폐기되지 않았다고 주장하는 근거는 ① 하나님과 인간의 자연적 관계인 창조주와 피조물의 관계가 있는 한 여전히 완전한 순종이 요구가 되며, ② 계속해서 죄를 범하는 자들에 대한 저주와 형벌에 관한 한 여전히 유효하며, ③ 로마서 10장 5절, 갈라디아서 3장 12절의 말씀과 같이 율법을 행하는 자는 그 가운데서 살 수 있다는 것을 근거로 하고 있다.

행위언약이 폐지되었다고 주장하는 근거는 ① 은혜 언약 아래 있는 자들을 위한 새로운 긍정적인 요소를 내포하는 한, 즉 중보자가 자기 백성을 위하여 그 요구조건을 충족시켰다는 점, ② 인간이 타락한 이후에는 조건적인 순종이 불가능하기 때문에 절대적인 순종을 요구하는 행위언약은 폐지되었다고 한다.

그러나 이 모든 논쟁을 종식시킬 수 있는 것은 행위언약에 따른 온전한 순종을 이행하지 못하였을 때의 심판이 현재 인류에게 적용이 되는지 여부를 확인해 보는 것이다. 즉 창세기 2장 17절의 "반드시 죽으리라"는 말씀, 창세기 3장 19절의 "너는 흙이니 흙으로 돌아갈 것이니라 하시니라"의 말씀과 같이 우리는 반드시 죽는다는 것이다. 우리가 육체적 죽음을 맞는다는 것은 결국 우리의 육체는 하나님이 아담에게 명령하셨던 그 행위언약의 상태 아래에 여전히 놓여 있음을 보여주는 것이다.

:17 선악을 알게 하는 나무의 열매는 먹지 말라 네가 먹는 날에는 **반드시 죽으리라 하시니라.**(창 2:17)

:17 וּמֵעֵץ הַדַּעַת טוֹב וָרָע לֹא תֹאכַל מִמֶּנּוּ כִּי בְּיוֹם אֲכָלְךָ מִמֶּנּוּ <u>מוֹת תָּמוּת</u>

나아가 아담 이후의 인간은 하나님과 행위언약을 직접적으로 맺은 사실은 없지만, 우리 모두는 결국 아담의 허리에서부터 나왔기 때문에 아담이 맺은 언약은 모든 인류를 대표한 언약으로서 그 언약의 효력은 우리에게도 유효한 것이라고 할 것이다.[26] 다만 아담은 창세기 3장 15절에서 **오실 여자의 후손**을 기다렸던 것이고 우리는 **오신 여자의 후손**인 예수 그리스도를 바라보는 것이라는 점 이외에는 본질적인 차이가 없다고 할 것이다. 로마서 5장 12절은 이러한 우리의 상태를 잘 나타내 주고 있다.

> [12] 그러므로 한 사람으로 말미암아 죄가 세상에 들어오고 죄로 말미암아 사망이 들어왔나니 이와 같이 모든 사람이 죄를 지었으므로 사망이 모든 사람에게 이르렀느니라.(롬 5:12)

모세 언약의 체결

한편, 하나님은 이스라엘 백성이 출애굽 한 이후에 모세를 통하여 온 이스라엘 백성과 시내산에서 언약을 체결하셨는데(출 24:1~11), 언약신학에서는 이를 **모세 언약**이라고 칭한다. 하나님은 우리의 모든 인류가 죄와 사망의 심판 아래에 있기 때문에 행위언약의 요소인 절대적인 순종을 할 수 없는 상태에 있음은 누구보다도 더 잘 알고 계신다. 그럼에도 불구하고 하나님은 왜 율법을 주셨는가 하는 부분에 대하여는 의문이 있다.

---

26) 존 M.프레임, 기독교 윤리학, 이경직외 역 (서울: 개혁주의신학사, 2015), 96.

특별히 모세 언약의 성격에 대해서는 신학적으로 상당한 논쟁이 있는 것은 사실이다. 이를 **행위언약**이라고 보는 견해는 출애굽기 24장에는 모세가 하나님께 받은 말씀과 모든 계명을 백성에게 전하게 되는데, 백성들은 한 소리로 여호와께서 말씀하신 모든 것을 준행하겠다고 하였다(출 24:3~8)는 것을 근거로 한다. 그리고 이러한 계명에 온전히 순종하지 않을 경우에는 그에 대한 저주를 받기로 피로써 맹세했기 때문에 행위언약의 요소를 모두 갖춘 것으로 평가한다.[27]

이에 대하여 **은혜언약**의 성격으로 보는 견해는 로마서 3장 내지 5장에서 구약에서 구원을 얻는 방법과 신약에서 구원을 얻는 방법이 동일하다는 것을 근거로 하고 있다. 즉 구약에서는 율법을 지켜서 구원받고 신약에서는 믿음으로 구원을 받는 것이 아니라, 믿음으로 구원을 받는다는 것은 구약과 신약이 동일하게 그리스도가 행한 것을 믿음으로 말미암아 구원이 주어진다는 점을 이유로 한다.[28]

그러나 **모세 언약**이 이하에서 주장하는 바와 같이 구원으로 이르게 하는 은혜의 방편이기는 하지만 그 자체의 성격을 놓고 보자면 이는 행위언약이라고 할 것이다. 위와 같은 주장의 타당성을 살펴보기 위하여 하나님이 이스라엘 백성에게 율법을 주시기 전의 배경을 살

---

27) 전정구. 성경신학. 김태형 역 (서울: 부흥과개혁사, 2019), 188.에서 로버트 슨의 견해를 재인용

28) 전정구. 위의 책, 189.에서 재인용. 한편, 투레티누스는 모세 언약을 그 외형은 "행위 언약의 형태"를 갖춘 반면, 내형적으로는 다름 아닌 "은혜 언약"의 요소로 구성되어 있음을 간파하였다고 기술되어 있다.

펴볼 필요가 있다.

① 먼저 하나님이 이스라엘 백성에게 출애굽 이후에 마라의 쓴 물을 통하여 시험하는 과정을 추적하여 보자.

> ²² 모세가 홍해에서 이스라엘을 인도하매 그들이 나와서 수르 광야로 들어가서 거기서 사흘길을 걸었으나 물을 얻지 못하고 ²³ 마라에 이르렀더니 그 곳 물이 써서 마시지 못하겠으므로 그 이름을 마라라 하였더라 ²⁴ 백성이 모세에게 원망하여 이르되 우리가 무엇을 마실까 하매 ²⁵ **모세가 여호와께 부르짖었더니 여호와께서 그에게 한 나무를 가리키시니 그가 물에 던지니 물이 달게 되었더라 거기서 여호와께서 그들을 위하여 법도와 율례를 정하시고 그들을 시험하실새** ²⁶ 이르시되 너희가 너희 하나님 나 여호와의 말을 들어 순종하고 내가 보기에 의를 행하며 내 계명에 귀를 기울이며 내 모든 규례를 지키면 **내가 애굽 사람에게 내린 모든 질병 중 하나도 너희에게 내리지 아니하리니 나는 너희를 치료하는 여호와임이라** ²⁷ 그들이 엘림에 이르니 거기에 물 샘 열둘과 종려나무 일흔 그루가 있는지라 거기서 그들이 그 물 곁에 장막을 치니라. (출 15:22~27)

하나님은 모든 것이 완전한 에덴 동산에서 아담에게 선악을 알게 하는 나무의 열매를 먹지 말도록 명령하시고 시험하셨다. 그럼에도 불구하고 아담은 그 풍족한 가운데에서도 그 명령을 지키지 못하였다. 이제 이스라엘 백성은 하나님이 애굽에서 행하신 그 열 가지 기적과 심지어 홍해가 갈라지는 기적 속에서 그 홍해를 건너왔다. 그리고 이러한 모든 기적을 체험한 이스라엘 백성은 하나님을 찬양하였다(출 15:1~21).

그런데 이스라엘 백성은 마치 아담과 같이 하나님의 현현(顯現)과 그 기적의 풍족한 경험을 하였음에도 불구하고, **마라**에서 물이 써서 마시지 못하므로 말미암아 모세를 원망하였다. 비록 모세를 원망하였지만 이는 하나님을 대적한 것과 같은 것이었다. 그래서 하나님은 그들이 하나님의 말씀에 '순종하는가 여부'를 보시기 위해서 시험을 하셨던 것이다. 하나님이 이들을 시험하신 이유는 이스라엘 백성이 불순종할 것을 몰라서 그렇게 한 것이 아니라는 것이다. 하나님은 인간의 모든 계획이 항상 악할 뿐임을 이미 알고 계셨다. 다만, 하나님은 이스라엘 백성이 하나님의 말씀을 순종할 수 없는 자임을 드러내어서 그들로 하여금 다시 한 번 회개할 수 있는 은혜를 나타내실 필요성이 있었다.

> [5] 여호와께서 사람의 죄악이 세상에 가득함과 그의 마음으로 생각하는 모든 계획이 항상 악할 뿐임을 보시고 [6] 땅 위에 사람 지으셨음을 한탄하사 마음에 근심하시고.(창 6:5~6)

② 이스라엘 백성은 마라에서 하나님으로부터 시험을 받은 이후에 다시금 먹는 것에 대하여 모세와 하나님을 원망하였다. 그때 하나님은 다시 이스라엘 백성에게 만나를 통하여 시험을 하셨다.

> [1] 이스라엘 자손의 온 회중이 엘림에서 떠나 엘림과 시내 산 사이에 있는 신 광야에 이르니 애굽에서 나온 후 둘째 달 십오일이라 [2] 이스라엘 자손 온 회중이 그 광야에서 모세와 아론을 원망하여 [3] 이스라엘 자손이 그들에게 이르되 우리가 애굽 땅에서 고기 가마 곁에 앉아 있던 때와 떡을 배불리 먹던 때에 여호와의 손에 죽었

더라면 좋았을 것을 너희가 이 광야로 우리를 인도해 내어 이 온 회중이 주려 죽게 하는도다 ⁴ 그 때에 여호와께서 모세에게 이르시되 보라 **내가 너희를 위하여 하늘에서 양식을 비 같이 내리리니 백성이 나가서 일용할 것을 날마다 거둘 것이라 이같이 하여 그들이 내 율법을 준행하나 아니하나 내가 시험**하리라.(출 16:1~4)

²⁵ 모세가 이르되 오늘은 그것을 먹으라 오늘은 여호와의 안식일인즉 오늘은 너희가 들에서 그것을 얻지 못하리라 ²⁶ **엿새 동안은 너희가 그것을 거두되 일곱째 날은 안식일인즉 그 날에는 없으리라 하였으나** ²⁷ **일곱째 날에 백성 중 어떤 사람들이 거두러 나갔다가 얻지 못하니라** ²⁸ 여호와께서 모세에게 이르시되 어느 때까지 너희가 내 계명과 내 율법을 지키지 아니하려느냐.(출 16:25~28)

이제 이스라엘 백성의 입장으로 돌아가보자. 이스라엘 백성은 일하지도 수고하지도 아니하는 상태에서 매일 각 사람이 먹을 만큼의 충분한 **만나**를 거두어서 굽고 삶고 해서 양식이 풍족한 가운데에 있었다. 그러한 중에 하나님은 첫째 날부터 다섯째 날에는 각기 한 오멜의 **만나**를 거두게 하시고, 여섯째 날에는 두 오멜의 **만나**를 거두게 하신 것이다. 왜냐하면 일곱째 날은 여호와의 거룩한 안식일이기 때문이다. 이는 마치 하나님이 아담에게 온 지면의 씨 맺는 모든 채소와 씨 가진 열매 맺는 모든 나무를 먹을거리로 주시고, 선악을 알게 하는 나무 열매를 먹지 말라고 하였음에도 불구하고 아담이 이것을 먹음으로써 하나님의 안식을 깨뜨렸다는 것과 동일한 상황인 것이다.

¹⁶ 그러므로 안식일에 이러한 일을 행하신다 하여 유대인들이 예수를 박해하게 된지라 ¹⁷ 예수께서 그들에게 이르시되 내 아버지께서 이제까지 일하시니 나도 일한다 하시매.(요 5:16~17)

③ 물론 이러한 상황에서 이스라엘 백성 중 일부는 하나님의 명령을 준행하였을 수도 있고, 일부는 이를 위반하였을 것이다. 그런데 이제 출애굽기 24장 1절 내지 8절의 말씀을 보면 최종적으로 하나님은 이스라엘 온 백성과 시내산에서 언약을 맺으신다.

> [1] 또 모세에게 이르시되 너는 아론과 나답과 아비후와 이스라엘 장로 칠십 명과 함께 여호와께로 올라와 멀리서 경배하고 [2] 너 모세만 여호와께 가까이 나아오고 그들은 가까이 나아오지 말며 백성은 너와 함께 올라오지 말지니라 [3] 모세가 와서 여호와의 모든 말씀과 그의 모든 율례를 백성에게 전하매 그들이 한 소리로 응답하여 이르되 여호와께서 말씀하신 모든 것을 우리가 준행하리이다 [4] 모세가 여호와의 모든 말씀을 기록하고 이른 아침에 일어나 산 아래에 제단을 쌓고 이스라엘 열두 지파대로 열두 기둥을 세우고 [5] 이스라엘 자손의 청년들을 보내어 여호와께 소로 번제와 화목제를 드리게 하고 [6] 모세가 피를 가지고 반은 여러 양푼에 담고 반은 제단에 뿌리고 [7] 언약서를 가져다가 백성에게 낭독하여 듣게 하니 그들이 이르되 여호와의 모든 말씀을 우리가 준행하리이다 [8] **모세가 그 피를 가지고 백성에게 뿌리며 이르되 이는 여호와께서 이 모든 말씀에 대하여 너희와 세우신 언약의 피**니라.(출 24:1~8)

④ 이러한 상황에서 이스라엘 백성들의 율법에 대한 이행과정은 어떠하였는가? 비록 이스라엘 백성 중 일부는 **마라**의 시험과 **만나**의 시험을 잘 준행하였다고 하더라도 시내산에 맺은 모세 언약의 율법에 대해서는 모두가 불순종한 위치에 서게 되었다는 것은 그 이후의 이스라엘 역사에서 잘 드러난다. 결국 하나님은 이스라엘 백성 전부를 죄인의 위치에 세우시기 위하여 그들이 불순종할 것임을 미리 아시고 율법을 주셨다는 것이다.

¹⁶ 또 여호와께서 모세에게 이르시되 너는 네 조상과 함께 누우려 니와 이 백성은 그 땅으로 들어가 음란히 그 땅의 이방 신들을 따르며 일어날 것이요 **나를 버리고 내가 그들과 맺은 언약을 어길 것이라** ¹⁷ 내가 그들에게 진노하여 그들을 버리며 내 얼굴을 숨겨 그들에게 보이지 않게 할 것인즉 그들이 삼킴을 당하여 허다한 재 앙과 환난이 그들에게 임할 그 때에 그들이 말하기를 이 재앙이 우리에게 내림은 우리 하나님이 우리 가운데에 계시지 않은 까닭 이 아니냐 할 것이라 ¹⁸ 또 **그들이 돌이켜 다른 신들을 따르는 모 든 악행으로 말미암아 내가 그 때에 반드시 내 얼굴을 숨기리라** ¹⁹ 그러므로 이제 너희는 이 노래를 써서 이스라엘 자손들에게 가르쳐 그들의 입으로 부르게 하여 이 노래로 나를 위하여 이스라엘 자손들에게 증거가 되게 하라 ²⁰ 내가 그들의 조상들에게 맹세한 바 젖과 꿀이 흐르는 땅으로 그들을 인도하여 들인 후에 **그들이 먹어 배부르고 살찌면 돌이켜 다른 신들을 섬기며 나를 멸시하여 내 언약을 어기리니** ²¹ 그들이 수많은 재앙과 환난을 당할 때에 그들의 자손이 부르기를 잊지 아니한 이 노래가 그들 앞에 증인처럼 되리라 **나는 내가 맹세한 땅으로 그들을 인도하여 들이기 전 오늘 나는 그들이 생각하는 바를 아노라.**(신 31:16~21)

⑤ 그리고 하나님은 모세 언약을 맺은 이스라엘 백성들의 후손들 에게도 핑계치 못하게 하시기 위하여 광야(廣野) 세대를 넘어서, 사 사(士師) 시대에는 사사와 선견자, 선지자를 통하여, 열왕(列王)의 시 대에는 선지자를 통하여 이스라엘 백성들에게 모세 언약을 통한 율 법을 계속하여 그들의 귀에 들려주어서 언약을 갱신하도록 하셨다.

⑥ 그렇게 함으로써 하나님은 이스라엘 백성이 비록 출애굽하는 구원 을 받았지만 그들 역시 아담의 후손으로서 전적인 타락 가운데 있어

서 불순종의 영이 역사하는 저주와 심판 아래에 있다는 것을 깨닫게 하시기 위하여 율법을 주신 것이 그 일차적인 이유임을 넉넉히 알 수 있다.

> [19] 우리가 알거니와 무릇 율법이 말하는 바는 **율법 아래에 있는 자들에게 말하는 것이니 이는 모든 입을 막고 온 세상으로 하나님의 심판 아래**에 있게 하려 함이라 [20] 그러므로 **율법의 행위로 그의 앞에 의롭다 하심을 얻을 육체가 없나니 율법으로는 죄를 깨달음**이니라.(롬 3:19~20)

⑦ 예수님도 결국은 행위언약의 저주 아래에 있는 자들은 이미 심판을 받은 자라고 이야기하고 있으며, 예수님이 오신 목적은 죄인을 불러 회개시키러 오신 것을 밝히면서 **은혜언약**의 약속 아래로 들어오기 전까지의 첫째 아담 안에 있는 인간의 상태를 잘 말씀하고 계신다.

> [18] 그를 믿는 자는 심판을 받지 아니하는 것이요 **믿지 아니하는 자는 하나님의 독생자의 이름을 믿지 아니하므로 벌써 심판을 받은 것**이니라.(요 3:18)

> [31] 예수께서 대답하여 이르시되 건강한 자에게는 의사가 쓸 데 없고 병든 자에게라야 쓸 데 있나니 [32] 내가 의인을 부르러 온 것이 아니요 **죄인을 불러 회개**시키러 왔노라.(눅 5:31~32)

이상의 논의를 종합하여 보면 하나님은 궁극적으로는 이스라엘 백성들로 하여금 창세기 3장 15절에서 약속하신 여자의 후손이자 아브라함 언약, 다윗 언약을 통하여 약속하신 예수 그리스도를 믿음으로 바라보게 하고, 거저 받는 은혜의 영광을 찬양하게 하기 위하여 율법을 선(善)하게 사용하셔서 은혜를 베푸셨다는 것을 잘 알 수 있다. 즉 비록 **모세 언약**이 은혜의 방편으로 선하게 사용이 되었다고 하더라도 **모세 언약** 자체가 은혜언약은 아니라 **행위언약**이라는 성격에는 변함이 없다고 할 것이다. 존 프레임은 이러한 모세 언약의 목적을 다음과 같이 주장하고 있다.[29]

> 돌이켜 보면, **모세 언약의 주된 목적은 한 환경을 제공**하는 것인데, 그 환경 속에서 우리 죄를 용서하기 위해 하나님의 아들 예수님이 태어나시고, 자신의 백성을 가르치시고, 기적을 행하시고, 죽으시고, 부활하시고, 하늘로 올라가신다. 이런 환경에서 예수 그리스도의 복음은 전 세계의 모든 국가로 퍼져 나갈 것이다.

하나님이 이스라엘 백성을 택하신 이유

우리는 여기서 하나님은 왜 '하필 이스라엘 백성을 택하셨는가'하는 부분에 대하여 의문을 가질 수 있다. 물론 이는 전적으로 하나님의 주권적인 영역이지만 우리는 성경을 통해서 그 섭리의 일부를 엿볼 수 있다. 먼저 아브라함의 아버지 **데라**는 다른 신을 숭배하는 사람이었다.

> [2] 여호수아가 모든 백성에게 이르되 이스라엘의 하나님 여호와께서 이같이 말씀하시기를 옛적에 너희의 조상들 곧 아브라함의 아버지, 나홀의 아버지 데라가 강 저쪽에 거주하여 다른 신들을 섬겼으나.(수 24:2)

---

29) 프레임. 기독교 윤리학. 이경직외 역 (서울: 개혁주의신학사, 2015), 105.

아브라함의 아버지 **데라**가 우상을 섬겼음에도 불구하고, 하나님이 아브라함을 부르셨다는 것은 아브라함의 입장에서는 도저히 받을 수 없는 은혜를 받은 것과 같다. 마치 "죄가 더한 곳에 은혜가 더욱 넘치는 것"과 같은 것이다. 이제 아브라함의 입장에서는 더욱 낮은 자로서 하나님의 은혜의 영광을 크게 찬양하면서 순종할 수 있는 은혜가 열리게 되는 것이다.

> [20] 율법이 들어온 것은 범죄를 더하게 하려 함이라 그러나 죄가 더한 곳에 은혜가 더욱 넘쳤나니.(롬 5:20)

이와 동일한 섭리의 취지로 하나님은 이스라엘 백성을 택하셨다는 것을 신명기 7장 7절 내지 9절의 말씀을 통하여 알 수 있다.

> [7] 여호와께서 너희를 기뻐하시고 너희를 택하심은 너희가 다른 민족보다 수효가 많기 때문이 아니니라 너희는 **오히려 모든 민족 중에 가장 적으니라** [8] **여호와께서 다만 너희를 사랑하심으로 말미암아** 또는 너희의 조상들에게 하신 맹세를 지키려 하심으로 말미암아 자기의 권능의 손으로 너희를 인도하여 내시되 너희를 그 종 되었던 집에서 애굽 왕 바로의 손에서 속량하셨나니 [9] 그런즉 너는 알라 오직 네 하나님 여호와는 하나님이시요 신실하신 하나님이시라 그를 사랑하고 그의 계명을 지키는 자에게는 천 대까지 그의 언약을 이행하시며 인애를 베푸시되.(신 7:7~9)

즉 하나님이 이스라엘 백성을 택하심은 이스라엘 백성의 수효가 모든 민족 중에 가장 적기 때문이었다. 전술(前述)한 바와 같이 하나님이 아브라함을 부르실 때에는 오직 갈대아 우르를 떠나 이방의 나

그네 된 아브라함 한 사람을 불렀는데, 당시에는 이미 곳곳에 국가, 민족, 부족들이 강력한 세력을 구축하고 나름대로 위세를 떨치고 있었을 때였다.[30] 그리고 이스라엘 백성들이 출애굽하여 가나안 땅에 들어갈 때에 가나안 족속은 철병거를 가지고 있기도 하였다(삿 1:19).

이스라엘 백성은 가장 약한 백성임에도 창조주 이신 하나님이 독수리 날개로 업어 인도한 사실을 생각하여 보면(출 19:4), 그들은 아브라함과 같이 하나님의 은혜의 영광을 더욱 찬양할 수 있는 위치에 있었던 것이다.[31] 이는 예수님께서 누가복음 7장 40절 내지 43절의 빚을 탕감 받은 자의 비유를 하심과 동일하다.

> [40] 예수께서 대답하여 이르시되 시몬아 내가 네게 이를 말이 있다 하시니 그가 이르되 선생님 말씀하소서 [41] 이르시되 빚 주는 사람에게 빚진 자가 둘이 있어 하나는 오백 데나리온을 졌고 하나는 오십 데나리온을 졌는데 [42] 갚을 것이 없으므로 둘 다 탕감하여 주었으니 둘 중에 누가 그를 더 사랑하겠느냐 [43] 시몬이 대답하여 이르되 내 생각에는 **많이 탕감함을 받은 자니이다 이르시되 네 판단이 옳다 하시고.**(눅 7:40~43)

이렇게 이스라엘 백성들이 하나님의 말씀을 맡았다는 것은 커다란 은혜라는 것은 분명하다. 왜냐하면 인류는 아담이 선악과의 열매를 먹은 이후부터는 행위언약 아래 이미 죄와 심판 아래에 있는 비참한

---

30) 강병도 편, NEW 호크마 주석 구약I (서울: 기독지혜사, 2013), 1040.
31) 존 파이퍼, 섭리, 홍병룡 역 (서울: 생명의말씀사, 2021), 190.

상태를 보는 눈이 멀었기 때문에, 율법이 아니고서는 그 심령 가운데 있는 죄가 드러나지 않기 때문이다. 그래서 이스라엘 백성들이 하나님의 말씀을 맡았기에 율법을 통하여 그들이 죄 아래 있음을 알게 되고, 그들이 율법을 행하지 못하여 바벨론에 포로로 잡혀가서 더 이상 율법의 행함에 소망이 없을 경우에야 비로소 하나님이 아브라함에게 약속하셨던 그 언약을 붙잡을 수 있게 되는 것이었다.

> [19] 우리가 알거니와 무릇 율법이 말하는 바는 율법 아래에 있는 자들에게 말하는 것이니 이는 모든 입을 막고 온 세상으로 하나님의 심판 아래에 있게 하려 함이라 [20] 그러므로 율법의 행위로 그의 앞에 의롭다 하심을 얻을 육체가 없나니 **율법으로는 죄를 깨달음**이니라 [21] 이제는 율법 외에 하나님의 한 의가 나타났으니 율법과 선지자들에게 증거를 받은 것이라.(롬 3:19~20).

한병수 교수는 이러한 유대인이 말씀을 맡은 것의 나음이 오늘날 교회에 주어진 것과 관련하여 다음과 같이 강조하고 있다.[32]

> 하나님의 말씀을 맡았다는 유대인의 나음이 교회에 주어졌다. 이 면적인 유대인에 해당하는 이 교회에도 표면적인 유대인이 맡았던 하나님의 말씀이 맡겨졌다. 맡겨진 자에게는 전파의 충성이 요구된다. 그러므로 교회는 과거의 유대인이 범한 오류와는 달리 하나님의 말씀을 하나님의 말씀으로 알고 증거해야 한다. 하나님의 말씀이신 그리스도 예수의 복음이 우리에게 위탁된 것을 최고의 나음으로 알고 즐거운 마음으로 최고의 관심과 노력을 기울여야 한다. 바울은 말씀의 위탁을 최고의 나음으로 여겼기 때문

---

32) 한병수, 로마서에 반하다(서울: 생명의 말씀사, 2021), 240.

에 말씀을 누리고 전파하는 사명에 생명을 초개처럼 내 던졌다.
(행 20:24).

행위언약(율법) 아래에 태어나신 예수 그리스도

한편 예수님은 죄가 없으신 분이심에도 불구하고, 율법 아래
에 태어나셔서 팔 일만에 모세의 법대로 정결 예식을 마치셨고(눅
2:21~39), 나아가 모세의 율법을 완전하게 하셨다. 그런데 이렇게 예
수님이 율법 아래 태어나신 이유가 무엇인가에 대한 해명이 있어야만
우리는 사형제도의 찬성과 반대론자들이 근거로 들고 있는 율법이 과
연 타당한가에 대하여 해결책을 제시할 수 있다.

> [17] 내가 율법이나 선지자를 폐하러 온 줄로 생각하지 말라 폐하러
> 온 것이 아니요 완전하게 하려 함이라.(마 5:17)

하나님은 창세기 3장 15절에서 약속하셨던 여자의 후손, 아브라함
의 씨, 다윗의 자손을 거듭 증거하기 위하여 모세의 율법과 선지자들
을 통하여 계속하여 증거하셨다.

> [46] **모세**를 믿었더라면 또 나를 믿었으리니 이는 그가 내게 대하여
> 기록하였음이라 [47] 그러나 그의 글도 믿지 아니하거든 어찌 내 말
> 을 믿겠느냐 하시니라.(요 5:46~47)

> [27] 이에 **모세와 모든 선지자의 글**로 시작하여 모든 성경에 쓴 바 자
> 기에 관한 것을 자세히 설명하시니라.(눅 24:27)

그리고 갈라디아서 4장 4절 내지 5절의 말씀을 보면 "율법 아래에 나게 하신 것"에 대하여 그 목적이 우리를 속량하심임을 잘 보여주고 있다.

> ⁴ 때가 차매 하나님이 그 아들을 보내사 여자에게서 나게 하시고 **율법 아래에 나게 하신 것**은 ⁵ 율법 아래에 있는 자들을 속량하시고 우리로 **아들의 명분**을 얻게 하려 하심이라.(갈 4:4~5)

> ⁴ δὲ ὅτε ἦλθεν τὸ πλήρωμα τοῦ χρόνου, ἐξαπέστειλεν ὁ θεὸς τὸν υἱὸν α ὑτοῦ, γενόμενον ἐκ γυναικός, **γενόμενον ὑπὸ νόμον,**
>
> ⁵ ἵνα τοὺς ὑπὸ νόμον ἐξαγοράσῃ, ἵνα τὴν **υἱοθεσίαν** ἀπολάβωμεν.

위 갈라디아서의 말씀의 강조점은 예수 그리스도께서 하나님의 율법을 지킬 의무를 가진 유대인으로 오셨다는 것이다. 예수 그리스도께서는 그의 삶 속에서 율법의 요구를 만족시키시고(마 5:17~18), 죽음으로 율법의 진노를 짊어지셨다(빌 2:8). 그렇게 함으로써 우리로 아들의 명분을 얻게 하려 하셨다. 그리고 여기서 아들의 명분이라는 것은 υἱοθεσίαν(휘오데시안)으로서 **양자**(養子)됨이라는 뜻이다. 이는 하나님의 아들됨이 자연적으로 발생하는 것이 아니라 **하나님의 사역에 의한 것**임을 나타내기 위한 것이다.[33] 즉 예수님은 행위언약의 죄와 사망의 심판 아래에 있는 우리를 속량하시기 위하여 율법 아래에서 태어나서서 율법의 요구를 온전히 만족시켜셔야만 하였다.

> ¹⁵ 이는 그를 믿는 자마다 영생을 얻게 하려 하심이니라 ¹⁶ 하나님

---

33) 강병도 편, NEW 호크마 주석 신약(서울: 기독지혜사, 2013), 2353.

이 세상을 이처럼 사랑하사 독생자를 주셨으니 이는 그를 믿는
자마다 멸망하지 않고 영생을 얻게 하려 하심이라.(요 3:15~16).

결론적으로 하나님이 이스라엘 백성에게 율법을 주신 이유는 그들
이 율법의 행위에 의지할 것이 아니라 율법을 통하여 그들이 이미 죄
와 심판 아래 있다는 것을 알게 하시고 이를 통하여 창세기 3장 15절
에서 약속하셨던 그 여자의 후손, 곧 아브라함과 다윗의 자손으로 오
실 예수 그리스도를 바라보게 하시고자 함이셨다.

이러한 **하나님의 창세 이전의 작정하심**에 따라서 예수 그리스도는
율법 아래에 태어나셨고, 예수 그리스도는 이 율법에 온전히 순종함
으로써 아담의 불순종으로 말미암은 죄와 사망의 심판에서 예수 그
리스도의 순종으로 말미암은 영생을 믿는 이스라엘 백성에게 주시고
자 함이 바로 율법 아래에 오신 궁극적인 이유였다. 바로 이러한 삼
위일체 하나님의 택하신 백성에 대한 구원의 언약을 언약신학에서는
구속(救贖)언약이라고 한다. 이러한 구속언약은 택함을 받은 자의 구
속을 계획하고 실행하기로 성부와 성자와 성령께서 영원 전에 맺은
삼위일체 내부 협약으로서, 성자는 성육신과 완전한 순종, 고난, 부
활, 승천 등을 통해 택함을 받은 자의 구속을 성취하신다. 또한 구속
언약은 성자가 보증인으로 직임을 행할 능력을 갖추도록 기름을 부
으시고 성자가 완수한 사역을 택함을 받은 자에게 적용하시는 성령의 역
할의 근거이기도 하다.[34]

---

34) 존 페스코, 삼위일체와 구속언약, 전광규 역(서울: 부흥과개혁사, 2019), 166.

¹⁷ 한 사람의 범죄로 말미암아 사망이 그 한 사람을 통하여 왕 노릇 하였은즉 더욱 은혜와 의의 선물을 넘치게 받는 자들은 한 분 예수 그리스도를 통하여 생명 안에서 왕 노릇 하리로다 ¹⁸ 그런즉 한 범죄로 많은 사람이 정죄에 이른 것 같이 한 의로운 행위로 말미암아 많은 사람이 의롭다 하심을 받아 생명에 이르렀느니라 ¹⁹ 한 사람이 순종하지 아니함으로 많은 사람이 죄인 된 것 같이 한 사람이 순종하심으로 많은 사람이 의인이 되리라 ²⁰ 율법이 들어온 것은 범죄를 더하게 하려 함이라 그러나 죄가 더한 곳에 은혜가 더욱 넘쳤나니 ²¹ 이는 죄가 사망 안에서 왕 노릇 한 것 같이 은혜도 또한 의로 말미암아 왕 노릇 하여 우리 주 예수 그리스도로 말미암아 영생에 이르게 하려 함이라.(롬 5:17~21)

천하 만민을 향한 아브라함 언약의 실현

하나님의 이러한 크신 은혜의 섭리에도 불구하고 대다수 유대인들은 예수 그리스도가 오실 구원자임을 믿지 아니하였다. 왜냐하면 그들은 율법을 통하여 그들이 죄와 심판 아래에 있는 것을 본 것이 아니라 그들의 종교적 순종과 율법에 따르는 행위를 의지했기 때문이다.

³¹ 의의 법을 따라간 이스라엘은 율법에 이르지 못하였으니 ³² 어찌 그러하냐 이는 그들이 **믿음을 의지하지 않고 행위를 의지함**이라 부딪칠 돌에 부딪쳤느니라 ³³ 기록된 바 보라 **내가 걸림돌과 거치는 바위를 시온**에 두노니 그를 믿는 자는 부끄러움을 당하지 아니하리라 함과 같으니라.(롬 9:31~33)

²² **건축자가 버린 돌이 집 모퉁이의 머릿돌**이 되었나니 ²³ 이는 여호와께서 행하신 것이요 우리 눈에 기이한 바로다.(시 118:22~23)

¹⁶ 그러므로 주 여호와께서 이같이 이르시되 보라 **내가 한 돌을 시 온에 두어 기초를 삼았노니 곧 시험한 돌이요 귀하고 견고한 기촛 돌**이라 그것을 믿는 이는 다급하게 되지 아니하리로다.(사 28:16)

그런데 하나님은 믿지 아니하는 유대인들을 통하여 예수 그리스도 를 십자가에 못 박힘 가운데 버리시고, 그 버림 받은 예수 그리스도가 머릿돌이 되게 하셔서 아브라함에게 약속하셨던 "천하 만민이 복을 얻을 것"이라는 그 언약을 이루셨다. 즉 하나님은 이러한 아브라함 언 약의 궁극적인 성취를 위해서 이스라엘을 도구로 하여 이방인을 위하 고, 로마서 11장 31절 내지 32절의 말씀과 같이 이방인을 도구로 하여 이스 라엘을 위함으로써 전 인류를 향한 하나님의 언약 성취를 섭리하셨다

¹⁷ 내가 네게 큰 복을 주고 네 씨가 크게 번성하여 하늘의 별과 같 고 바닷가의 모래와 같게 하리니 네 씨가 그 대적의 성문을 차지 하리라 ¹⁸ 또 네 씨로 말미암아 **천하 만민이 복을 받으리니** 이는 네가 나의 말을 준행하였음이니라 하셨다 하니라.(창 22:17~18)

그래서 바울은 로마서 11장 30절 내지 33절에서 하나님의 지혜와 지식의 헤아릴 수 없음에 탄복할 수밖에 없었다. 이에 대하여 칼뱅 은 하나님의 계획과 작정이 인생들에게는 측정이 불가능해서 주께 서 우리에게 말씀으로 주신 것 외에는 알 수도 없지만, 알려고 하면 미궁(迷宮)에 빠져 헤어나오지 못한다고 하였다.³⁵⁾ 그리고 하나님의 판단과 길은 깊은 우물과 같아서 아무리 그 물을 퍼 올려도 다 이해

---

35) 강병도 편. NEW 호크마 주석 신약. 2003.

할 수 없는 것이다.

> 30 너희가 전에는 하나님께 순종하지 아니하더니 이스라엘이 순종하지 아니함으로 이제 긍휼을 입었는지라 31 이와 같이 이 사람들이 순종하지 아니하니 이는 너희에게 베푸시는 긍휼로 이제 그들도 긍휼을 얻게 하려 하심이라 32 하나님이 모든 사람을 순종하지 아니하는 가운데 가두어 두심은 모든 사람에게 긍휼을 베풀려 하심이로다 **33 깊도다 하나님의 지혜와 지식의 풍성함이여, 그의 판단은 헤아리지 못할 것이며 그의 길은 찾지 못할 것이로다.**(롬 11:30~33)

모세 언약 아래에서 주어진 율법의 효력

이상에서 하나님이 모세 언약을 통하여 이스라엘에게 율법을 주신 이유는 바로 그들로 하여금 죄와 심판 아래에 있다는 것을 인식하게 하고, 그들로 하여금 예수 그리스도를 바라보게 함으로써 오직 믿음으로 구원을 얻게 하려 하심이었다는 것을 성경적으로 논증을 하였다.

그렇다면 예수 그리스도가 율법의 요구를 모두 만족시켰기 때문에 '이제 율법은 폐지되었는가' 하는 의문이 생긴다. 국가에서 시행하고 있는 사형제도의 찬반을 논함에 있어서 가장 큰 걸림돌이 바로 이 '율법을 어떻게 바라볼 것인가'에 대한 언약신학적인 관점이 결여되어 있었기 때문에, 각자의 주장의 논지에 맞게 율법을 인용함으로써 늘 분쟁이 발생하였다는 것을 각별히 유의해야 할 것이다.

이스라엘 백성들은 모세 언약을 통하여 받은 율법을 불순종하였기 때문에 실패하였고, 이로 인하여 모세 언약대로 심판을 받고 포로로 잡혀가서 유배생활을 하였다. 이제 하나님은 이스라엘 백성들에게 이러한 모세 언약이 아닌 새로운 은혜 언약아래로 불러 모으시기 위하여 예레미야 선지자를 통하여 **새 언약**을 맺으실 것을 선포하시는 부분이 예레미야 31장 31절 내지 33절에 등장을 한다.

> ³¹ 여호와의 말씀이니라 보라 날이 이르리니 **내가 이스라엘 집과 유다 집에 새 언약**을 맺으리라 ³² **이 언약**은 내가 그들의 조상들의 손을 잡고 애굽 땅에서 인도하여 내던 날에 맺은 것과 같지 아니할 것은 내가 그들의 남편이 되었어도 그들이 내 언약을 깨뜨렸음이라 여호와의 말씀이니라 ³³ 그러나 그 날 후에 내가 **이스라엘 집과 맺을 언약은 이러하니 곧 내가 나의 법을 그들의 속에 두며 그들의 마음에 기록하여 나는 그들의 하나님이 되고 그들은 내 백성이 될 것이라 여호와의 말씀**이니라.(렘 31:31~32)

그리고 예수님은 십자가에 고난을 받으시기 전에 제자들에게 **새 언약**을 주셨다. 그리고 이러한 새 언약 역시 피로 맺어져야만 하기 때문에 예수님께서 십자가의 피로서 하늘의 성소에 들어가셔서 그 피로 율법을 따라 거의 모든 물건이 정결하게 된 것처럼, 교회의 각 지체인 구원받은 형제 자매들에게 대속(代贖)의 피를 바르심으로써 우리의 죄를 영원히 대속하셨다.

> ³⁴ **새 계명**을 너희에게 주노니 서로 사랑하라 **내가 너희를 사랑한 것 같이 너희도 서로 사랑하라** ³⁵ 너희가 서로 사랑하면 이로써 모든 사람이 너희가 내 제자인 줄 알리라.(요 13:34~35)

¹⁸ 이러므로 **첫 언약도 피 없이 세운 것이 아니리** ¹⁹ 모세가 율법대로 모든 계명을 온 백성에게 말한 후에 송아지와 염소의 피 및 물과 붉은 양털과 우슬초를 취하여 그 두루마리와 온 백성에게 뿌리며 ²⁰ 이르되 이는 하나님이 너희에게 명하신 **언약의 피**라 하고 ²¹ 또한 이와 같이 피를 장막과 섬기는 일에 쓰는 모든 그릇에 뿌렸느니라 ²² **율법을 따라 거의 모든 물건이 피로써 정결하게 되나니 피흘림이 없은 즉 사함이 없느니라** ²³ 그러므로 하늘에 있는 것들의 모형은 이런 것들로써 정결하게 할 필요가 있었으나 **하늘에 있는 그것들은 이런 것들보다 더 좋은 제물**로 할 지니라 ²⁴ 그리스도께서는 참 것의 그림자인 손으로 만든 성소에 들어가지 아니하시고 바로 그 하늘에 들어가사 이제 우리를 위하여 하나님 앞에 나타나시고 ²⁵ 대제사장이 해마다 다른 것의 피로써 성소에 들어가는 것 같이 자주 자기를 드리려고 아니하실지니 ²⁶ 그리하면 그가 세상을 창조한 때부터 자주 고난을 받았어야 할 것이로되 이제 **자기를 단번에 제물로 드려 죄를 없이 하시려고 세상 끝에 나타나셨느니라** ²⁷ 한번 죽는 것은 사람에게 정해진 것이요 그 후에는 심판이 있으리니 ²⁸ 이와 같이 **그리스도도 많은 사람의 죄를 담당하시 려고 단번에 드리신 바 되셨고 구원에 이르게 하기 위하여 죄와 상관 없이 자기를 바라는 자들에게 두 번째 나타나시리라.**(히 9:18~28)

그런데 요한복음 13장 34절의 **새 계명**이라는 것은 레위기 19장 18절의 말씀인 "이웃 사랑하기를 네 몸과 같이 하라"는 말씀과 맥을 같이 하고 있다. 그렇다면 **새 계명**은 구체적으로 '모세 언약의 계명과 어떻게 다른가'하는 것은 마태복음 5장 17절 내지 7장 27절의 산상수훈을 통하여 엿볼 수 있다. 즉 예수님은 마태복음 5장 17절 내지 7장 27절에 이르기까지 모세 언약 아래에서의 율법을 새롭게 다시 정립하여 주셨다. 그 중에서 몇 가지의 성경 구절을 인용하여 보면 아

래와 같다.

> 21 옛 사람에게 말한 바 살인하지 말라 누구든지 살인하면 심판을 받게 되리라 하였다는 것을 너희가 들었으니 22 나는 너희에게 이르노니 **형제에게 노하는 자마다 심판을 받게 되고 형제를 대하여 라가라 하는 자는 공회**에 잡혀가게 되고 **미련한 놈이라 하는 자는 지옥 불**에 들어 가게 되리라.(마 5:21~22).

> 27 또 간음하지 말라 하였다는 것을 너희가 들었으나 28 나는 너희에게 이르노니 **음욕을 품고 여자를 보는 자마다 마음에 이미 간음**하였 느니라.(마 5:27~28).

> 43 또 네 이웃을 사랑하고 네 원수를 미워하라 하였다는 것을 너희가 들었으나 44 나는 너희에게 이르노니 너희 **원수를 사랑하며 너희를 박해하는 자를 위하여 기도**하라.(마 5:43~44)

즉 모세 언약 아래의 계명은 아브라함의 자손으로 선택 받은 이스라엘 민족이 '이웃을 같은 선민(選民)으로서 사랑하라'고 하는 인간적인 범주를 넘어서지 않는 반면에, 예수님이 산상수훈을 통하여 다시 정립해 주시는 말씀은 예수의 희생적인 사랑에 근거하여 '이웃을 한 몸으로서 사랑하라'고 하는 신적인 차원의 명령으로서, 바리새인이 추구하였던 율법적인 의(義)와는 다른 차원의 것이다. 이러한 취지를 더욱 뒷받침 하여 주는 말씀이 바로 마태복음 5장 20절의 말씀이다.

> 20 내가 너희에게 이르노니 너희 의가 서기관과 바리새인보다 더 낫지 못하면 결코 천국에 들어가지 못하리라.(마 5:20)

그렇다면 예수님께서 산상수훈을 통하여 하신 말씀이 요한복음 13장 34절의 **새 계명**과는 어떠한 관계에 있는가? 사도 요한이 기록한 요한복음 13장 34절 내지 35절, 요한일서 2장 7절 내지 8절의 보면 예수님께서 산상 수훈에 말씀하신 그 계명이 바로 사랑의 구체적인 내용으로써 새 계명인 것을 알 수 있다.

> [34] **새 계명**을 너희에게 주노니 서로 사랑하라 **내가 너희를 사랑한 것 같이 너희도 서로 사랑하라** [35] 너희가 서로 사랑하면 이로써 모든 사람이 너희가 내 제자인 줄 알리라.(요 13:34~35)

> [7] **사랑하는 자들아 내가 새 계명을 너희에게 쓰는 것이 아니라 너희가 처음부터 가진 옛 계명이니 이 옛 계명은 너희가 들은 바 말씀**이거니와 [8] 다시 내가 너희에게 새 계명을 쓰노니 그에게와 너희에게도 참된 것이라 이는 어둠이 지나가고 참빛이 벌써 비침이니라.(요일 2:7~8)

> [15] 그 **형제를 미워하는 자마다 살인하는 자니 살인하는 자**마다 영생이 그 속에 거하지 아니하는 것을 너희가 아는 바라.(요일 3:15)

> [19] 우리가 사랑함은 그가 먼저 우리를 사랑하셨음이라 [20] 누구든지 하나님을 사랑하노라 하고 **그 형제를 미워하면 이는 거짓말 하는 자니 보는 바 그 형제를 사랑하지 아니하는 자는 보지 못하는 바 하나님을 사랑할 수 없느니라** [21] **우리가 이 계명을 주께 받았나니 하나님을 사랑하는 자는 또한 그 형제를 사랑할지니라.** (요일 4:15~20)

즉 모세 언약을 통하여 주신 율법과 새 언약 아래에서 주신 율법은 궁극적으로는 하나님 사랑과 이웃 사랑, 즉 사랑의 표현인 것이다. 그런데 모세 언약을 통하여 주신 율법은 하나님의 임재에 대한 경외감과 불순종하였을 때의 당할 심판의 두려움으로 우리 외부에서 강제하였다. 그렇지만, 예수님이 명하신 새 언약은 "내가 너희를 사랑한 것과 같이 너희도 사랑하라"고 하신 것과 같이 죄인을 위하여 하나님의 독생자를 내어 주신 그 사랑처럼 이웃을 사랑하라는 그 희생의 사랑에 감동하여 따르는 내부적이고 자율적인 것이다. 그래서 산상수훈의 말씀처럼 예수님은 "눈에는 눈, 이에는 이"가 아니라 "원수를 위하여 기도하라"고 하신 것이다. 그렇다면 마태복음 5장 17절 내지 7장 27절은 바로 새 계명의 구체적인 실현 모습이다.

이상의 논지를 정리하여 보면 모세 언약을 통하여 주신 율법은 여전히 죄를 죄로 드러나게 하여 예수 그리스도 앞으로 이끌어 주는 용도로는 유효한 역할을 하고 있는 것은 사실이다. 그렇지만 율법의 행위를 의지하여 영생을 얻으려고 하는 용도로서의 율법은 예수 그리스도의 은혜언약 아래에서 폐지되었다. 다만 은혜언약 아래에 있는 믿음의 백성들은 구약의 율법의 정신을 모두 포괄하고 이를 초월하는 새 계명을 받은 위치에 있다. 이러한 주장의 타당성은 웨스트민스터 신앙고백 19.6과 19.7을 인용함으로써 뒷받침하고자 한다.[36]

---

36) 본 논문에서 인용하는 웨스트민스터 신앙고백서는 김효성 역(서울 : 옛신앙 출판사, 2022)을 참고하였다. 이하 같다.

19.6 참된 신자들은 행위의 계약으로써 율법 아래 매여서 그로 인하여 의롭다 함을 받거나 정죄를 받는 것은 아니지만, 그러나 율법은 다른 사람들에게만큼 그들에게도 유익한 것이다. **생활의 기준으로써 하나님의 뜻과 그들의 의무를 가르쳐주고 지도하며, 그에 준하여 걸어가도록 의를 지우며 또한 그들의 성품과 마음과 생활에서 죄악된 부패성을 발견하며 자신을 돌아보고 전보다 더욱 자기가 죄악된 것을 시인하고 죄를 미워하고 그리스도를 모셔야 할 필요성**을 더욱 분명히 봄과 동시에 온전한 순종의 필요성을 깨닫게 한다. 이것은 중생한 자에게도 죄를 금하여 자기의 부패성을 제어하게 하고 율법의 임박한 진노를 보여 자기의 죄 값이 어떠하며 비록 율법에 정해진 저주에서는 자유케 되었으나 이생에서 그것 때문에 어떤 고난을 받아야 하는 가를 알게 한다.

같은 모양으로 율법의 약속들은 비록 행위의 언약으로 율법을 지킬 필요는 없으나 하나님께서 순종을 좋아하심과 순종하는 자가 받을 축복이 어떠한 것을 드러낸다. 그러나 사람이 악을 금하고 선을 행하는 것이 율법이 선을 권장하고 악을 제거하기 때문에 은혜 아래 있지 않고 율법 아래 있는 증거라고 할 수는 없다.

19.7 이상 언급한 **율법의 용도는 복음의 은혜와 상반된 것이 아니라 오히려 순조롭게 상응**한다. 그리스도의 영은 사람의 의지를 순복시켜서 시행하기를 요구하는 율법에 드러난 하나님의 뜻을 자원하는 마음으로 기쁘게 행하게 하신다.

끝으로 개혁주의 신학의 입장에서는 우리가 비록 새 계명을 때로는 올바르게 순종하지 못 할지라도 우리 구원의 영원성은 오직 예수 그리스도의 공로에만 의지하기 때문에 결코 떨어질 수 없는 것으로 보고있다. 만일 우리가 다시 우리의 구원이 새 계명의 온전한 행함에

좌우되게 된다고 하면, 마치 구약의 이스라엘 백성과 같이 심판의 두려움으로 인하여 새 계명을 강제하는 것과 같이 되어 사랑으로 맺어지는 새 계명과는 모순되는 것으로서 결코 받아들일 수 없는 것이다. 이에 대한 설명은 웨스트민스터 신앙고백서 17.1 부터 17.2를 인용하는 것으로 정리한다.

> 17.1 하나님께서 그의 사랑하시는 자 안에서 용납하시고 유효적으로 부르시고 그의 성령으로 거룩하게 하신 자는 **전적으로 또는 최종적으로 은혜의 상태에서 떨어질 수 없고 끝까지 그 안에서 확실하게 견인하여 영원히 구원**을 받는다.

> 17.2 **성도들의 견인은 저희의 자유 의지에 달려 있는 것이 아니라 변할 수 없는 선택의 예정에 의존되어 있는데 이것은 성부 하나님의 값없이 주시고 불변하시는 사랑에서 나온 것이며 또한 예수 그리스도의 공로와 효력에 의존**되어 있으며 성령의 내재하심과 성도들 속에 있는 하나님의 씨와 은혜의 계약의 성질에 의존된 것이니 이 모든 것에서 확실성과 무오성이 생긴다.

은혜언약 아래 있는 그리스도인의 삶

구약의 이스라엘 백성과 신약의 예수 그리스도를 믿는 믿음 안에 있는 성도의 모임인 교회는 어떻게 다른가? 전술(前述)한 바와 같이 구약의 이스라엘 백성들은 우리와 똑 같은 모양을 가진 사람임에는 동일하다. 다만 구약의 이스라엘 백성의 경우에는 하나님의 그 큰 권능을 목격한 상태에서 모세 언약을 체결하였고, 그 모세 언약의 내용은 예수님이 주신 새 계명보다는 외양적인 면과 육체적인 면을 지향하는 다소 소극적인 측면을 가지고 있다.

그렇다면 구약의 이스라엘 언약 백성들은 모세 언약의 옛 계명도 지키지 못하였는데, 은혜언약 아래에 있는 그리스도인은 어떻게 이를 지켜나갈 수 있는가 하는 부분에 대한 해명이 필요하다. 이러한 의문이 해소가 되어야만 사형제도를 시행하는 국가를 상대로 예수 그리스도의 희생적 사랑을 강제할 수 있는가 하는 부분에 대한 자연스러운 답변이 가능한 것이다.

이에 대하여 존 프레임은 다음과 같이 구원받은 신자들이 어떻게 살아가야 되는가에 대한 주장을 하고 있다.[37]

> 성경은 기본적으로 신자들로 하여금 선행을 하도록 격려하기 위해 세 가지 수단을 사용한다. 첫째, **성경은 구속사에 호소**한다. 이것은 십계명 자체에 있는 주요 동기다. 즉 하나님은 이스라엘 백성을 애굽의 종살이에서 구속하셨다. 따라서 그들은 순종해야 한다 … 예수님 자신도 "서로 사랑하라 내가 너희를 사랑한 것 같이 너희도 서로 사랑하라"고 말씀하시며 제자들이 서로 사랑할 것을 촉구하신다. 궁극적으로 십자가에서 드러난 예수님의 사랑은 서로 사랑하라는 우리의 반응을 명령한다 … 성경은 또한 하나님의 명령에 주의를 환기함으로써 우리의 선행에 동기를 부여한다. 하나님의 계명은 우리에게 의무를 부과하기에 충분하다 … 이 동기는 권위라는 하나님의 주권적 속성을 반영한다. 단순히 **하나님은 절대적 순종**을 받을 권리가 있기 때문에 우리는 그 분에게 순종해야 한다 … 셋째, 성경은 우리에게 우리 안에 계신 **성령의 활동**

---

37) 프레임, 기독교 윤리학, 이경직외 역 (서울:개혁주의신학사, 2015), 1112~1114.

에 기초한 경건한 삶을 요구한다…하나님은 우리에게 새 생명을 주시기 위해서, 따라서 새로운 윤리적 성향을 주시기 위해서 우리 안에 자신의 성령을 두셨다. 우리의 충동 가운데 여전히 갈등이 있지만, 우리는 육체의 소원보다는 오히려 성령의 소원을 따르기 위한 자원을 가진다. 따라서 바울은 하나님이 중생과 성화로 우리 안에 일으키신 내적 변화에 호소한다.

다만 필자는 위 존 프레임의 주장 중에서 특별히 **성령의 사역**의 부분을 강조하기 위하여 에스겔 36장 26절 내지 27절과 더불어 요한복음 14장 15절 내지 17절의 살펴보고자 한다.

> [26] 또 **새 영**을 너희 속에 두고 **새 마음**을 너희에게 주되 너희 육신에서 굳은 마음을 제거하고 부드러운 마음을 줄 것이며 [27] 또 **내 영**을 너희 속에 두어 너희로 내 율례를 행하게 하리니 너희가 내 규례를 지켜 행할지라.(겔 36:26~27)

וְנָתַתִּי לָכֶם לֵב חָדָשׁ וְרוּחַ חֲדָשָׁה אֶתֵּן בְּקִרְבְּכֶם וַהֲסִרֹתִי אֶת־ לֵב הָאֶבֶן [26] מִבְּשַׂרְכֶם וְנָתַתִּי לָכֶם לֵב בָּשָׂר:

וְאֶת־ רוּחִי אֶתֵּן בְּקִרְבְּכֶם וְעָשִׂיתִי אֵת אֲשֶׁר־ בְּחֻקַּי תֵּלֵכוּ וּמִשְׁפָּטַי תִּשְׁמְרוּ [27] וַעֲשִׂיתֶם:

성경의 용례상 **영**으로 기록된 רוּחַ(루아흐)는 인간의 이성적 사고와 행위를 제어하는 내적 본질로(살전 5:23), 마음으로 기록된 לֵב(레브)는 인간의 지, 정, 의를 포괄하는 인성의 좌소로 쓰여졌다는 점에서 이 두 단어는 인간의 전(全) 인격을 총괄적으로 지칭하는 것이다. 따라서 이 두 단어 앞에 **"새"**라는 형용사가 첨가된 것은 온전한 영적

갱신을 예고하는 것으로 구약의 용례상 메시야 시대의 도래를 예고하는 것이다(사 42:1; 욜 2:28).

그리고 예수님은 승천하시기 전에 제자들에게 **보혜사**와 **진리의 영**이 함께 하실 것임을 이야기하셨다.

> ¹⁵ 너희가 나를 사랑하면 나의 계명을 지키리라 ¹⁶ 내가 아버지께 구하겠으니 그가 **또 다른 보혜사**를 너희에게 주사 영원토록 너희와 함께 있게 하리니 ¹⁷ 그는 **진리의 영**이라 세상은 능히 그를 받지 못하나니 이는 그를 보지도 못하고 알지도 못함이라 그러나 너희는 그를 아나니 그는 너희와 함께 거하심이요 또 너희 속에 계시겠음이라. (요 14:15~17)

> ¹⁵ Ἐὰν ἀγαπᾶτέ με, τὰς ἐντολὰς τὰς ἐμὰς τηρήσετε·

> ¹⁶ κἀγὼ ἐρωτήσω τὸν πατέρα καὶ ἄλλον **παράκλητον** δώσει ὑμῖν, ἵνα μεθ' ὑμῶν εἰς τὸν αἰῶνα ᾖ,

> ¹⁷ τὸ **πνεῦμα τῆς ἀληθείας**, ὃ ὁ κόσμος οὐ δύναται λαβεῖν, ὅτι οὐ θεωρεῖ αὐτὸ οὐδὲ γινώσκει· ὑμεῖς γινώσκετε αὐτό, ὅτι παρ' ὑμῖν μένει καὶ ἐν ὑμῖν ἔσταϊ

여기서 **παράκλητος**(파라클레토스)는 보혜사라는 뜻으로서 '곁에'라는 뜻의 παρα(파라)와 '부름받은'이라는 뜻의 **κλητος**(클레토스)의 합성어로서 '곁에서 돕기 위해 부름 받은 자'라는 뜻이다. 이는 보혜사로서 오실 영은 우리 곁에서 우리의 일거수 일투족을 감찰하시어 우리의 말할 바와 행할 바를 지도하시고 가르치시며 돕고 권면하실 것이라는 말씀이다.

또한 예수님께서는 "또 다른 보혜사"라고 말씀하시어 자신이 이 땅에 있을 동안에도 '보혜사'로 계셨음을 드러내셨다. 요한은 실제로 그의 서신서에서 예수를 παράκλητος(파라클레토스)로 묘사했다(요일 2:1). 그리고 진리의 영(靈)이라는 것은 진리의 속성을 지닌 영, 진리를 밝히시는 영으로서 바로 '길이요 진리되시는' 예수 그리스도의 사역을 행하시는 영을 의미하는 것임을 알 수 있다. 나아가 예수님께서 승천하시기 전에 사도행전 1장 8절에서 성령이 임하실 것을 말씀하시고, 실제로 사도행전 2장 1절 내지 4절을 보면 그 성령이 가시적으로 충만하게 임함을 볼 수 있다. 즉 예수님께서는 보혜사이자 진리의 영 이외에는 다른 영이 오실 것을 약속하신 적이 없기 때문에 바로 이 보혜사, 진리의 영이 성령인 것을 잘 알 수 있다.

> ⁸ 오직 **성령**이 너희에게 임하시면 너희가 권능을 받고 예루살렘과 온 유대와 사마리아와 땅 끝까지 이르러 내 증인이 되리라 하시니라.(행 1:8)

> ¹ 오순절 날이 이미 이르매 그들이 다 같이 한 곳에 모였더니 ² 홀연히 하늘로부터 급하고 강한 바람 같은 소리가 있어 그들이 앉은 온 집에 가득하며 ³ 마치 불의 혀처럼 갈라지는 것들이 그들에게 보여 각 사람 위에 하나씩 임하여 있더니 ⁴ 그들이 다 **성령**의 충만함을 받고 성령이 말하게 하심을 따라 다른 언어들로 말하기를 시작하니라.(행 2:1~4)

이 성령은 곧 보혜사이다. 예수 그리스도는 비록 이 땅에서는 육체의 몸으로 오시고 지내셨지만 온전히 성령의 충만함으로 말미암아 율법의 일점일획까지 다 이루시고 십자가에서 못 박히셨던 것이었다. 그래서 예수님은 십자가에서 고난 당하실 때에 "다 이루셨다"고 말씀을 하셨다.

> 30 예수께서 신 포도주를 받으신 후에 이르시되 다 이루었다 하시고 머리를 숙이니 영혼이 떠나가시니라.(요 19:30)

그렇다면 성령이 우리 안에 거하시면 예수님이 이 율법을 온전히 행하신 것처럼 우리로 하여금 옆에서 도우시고, 진리를 가리켜 주시면서 하나님의 길을 순종할 수 있는 능력을 주시는 것이다. 우리가 이 순종의 능력을 받기 위해서는 결국 예수님이 걸어가신 그 십자가의 길을 걸어가면 갈수록 더욱 성령의 충만함을 받을 수 있는 것이다. 그래서 예수님은 우리로 하여금 "자기 십자가를 지라"고 하신 것이다.

> 24 이에 예수께서 제자들에게 이르시되 누구든지 나를 따라오려거든 **자기를 부인**하고 자기 십자가를 지고 나를 따를 것이니라.
> (마 16:24)

마태복음 16장 24절의 "자기를 부인하는 것"은 육체로 흘러가는 나의 욕망을 부인하고 성령이 원하는 바를 향해야 하는 것이고, "십자가를 진다는 것"은 예수님이 죄인을 위하여 그 사랑을 나타내신 것처럼, 우리도 예수 그리스도의 사랑안에서 형제와 이웃의 잘못을 사랑으로 용서하는 것이다. 이 길이 곧 예수님이 가신 길이다. 바울은 갈라디아서 5장 16절 내지 17절에서 이러한 우리의 선한 경주를 기록하고 있다.

> [16] 내가 이르노니 너희는 **성령을 따라 행하라** 그리하면 육체의 욕심을 이루지 아니하리라 [17] **육체의 소욕은 성령을 거스르고 성령은 육체를 거스르나니** 이 둘이 서로 대적함으로 너희가 원하는 것을 하지 못하게 하려 함이니라.(갈 5:16~17)

존 프레임이 구원받은 그리스도인이 올바르게 살아갈 수 있는 세 가지 방법 중 첫 번째 방법이 구속사를 강조하는 것이었는데, 이 구속사를 강조하는 것이 바로 예수님의 사랑 안에서 자기를 부인하고 그 부인된 육체에 성령의 충만함을 받는 방편(方便)과도 연결되는 것이다. 그래서 사도 요한은 "예수는 하나님의 아들이시라"는 점을 더욱 강조하고 계신다. 즉 하나님의 사랑하시는 아들을 우리를 위하여 내어 주셨다면 우리는 그보다 더 큰 사랑이 없음을 잘 안다. 우리는 이러한 사랑을 깊이 알면 알수록 하나님을 사랑하지 않을 수 없게 되고, 예수 그리스도의 동일한 보혈로 구원하신 교회의 형제 자매를 사랑하지 않을 수 없게 되는 것이다.

> [15] 누구든지 예수를 하나님의 아들이라 시인하면 하나님이 그의 안에 거하시고 그도 하나님 안에 거하느니라.(요일 4:15)

> [19] 우리가 사랑함은 그가 먼저 우리를 사랑하셨음이라 [20] 누구든지 하나님을 사랑하노라 하고 그 형제를 미워하면 이는 거짓말하는 자니 보는 바 그 형제를 사랑하지 아니하는 자는 보지 못하는 바 하나님을 사랑할 수 없느니라.(요일 4:19~20)

다만, 여기서 우리는 완전히 성령에 이끌림을 받는 삶, 완전한 성화를 이룰 수 있는지 여부에 대하여는 웨스트민스터 신앙고백 16.4에서부터 16.6절로 대신한다. 결국 구원받은 신자들은 삼위일체 하나님의 영원한 구속언약의 섭리가운데에서 은혜언약 아래 머무는 존재이다.

16.4 이 세상 살 동안에 하나님께 순종함으로써 가능한 최고의 목표를 달성한다 할지라도 하나님께서 요구하시는 것 이상의 것을 한다든가 할 수 있다는 것은 있을 수 없는 일이며 **그들이 마땅히 행해야 할 의무를 이행하는데 조차 미달할 수 밖에 없는 것**이다.

16.5 우리의 가장 잘한 선행으로도, 하나님의 손에서 죄 사함을 받거나 영생을 얻을 공을 세울 수는 없는 것은 장차 올 영광과 그것들 사이에 있는 거대한 불균형 때문이며 또한 우리와 하나님 사이에 있는 무한대한 간격 때문이다. 우리는 선행을 해서 하나님을 유익하게 하거나 우리 옛 죄를 사함 받은 빚을 보상할 수 없으니 우리가 할 것은 다한 후에도 우리는 의무를 다했을 뿐이요 무익한 종이요 **우리가 한 바 선행이 좋으면 성령으로부터 온 것이요 우리로 말미암아 이루어질 때, 약한 것과 온전치 못한 것이 섞여서 더러워진 것뿐이므로 하나님의 심판의 엄중함을 감당할 수 없다.**

16.6 그럼에도 불구하고 **그리스도를 통하여 용납된 신자들은 저희의 선행도 그 안에서 용납된다.** 이는 저희가 이 생에서 전적으로 나무랄 것이 없거나 하나님 보시기에 책망할 것이 없어서가 아니라 저희를 그 아들 안에서 보시는 하나님은 연약하고 온전치 못한 것이 많아도 참된 마음으로 한 것이면 받으시고 상 주시기를 기뻐하시기 때문이다.

소결론

이상에서 살펴본 바와 같이 모세 언약의 율법은 이스라엘 백성으로 하여금 하나님의 약속하신 여자의 후손, 아브라함의 씨, 다윗의 자손으로 오실 예수 그리스도 앞으로 인도하는 초등교사의 역할을 하는 것이라는 것을 알 수 있었다. 그리고 율법의 초등교사 역할의 인도함을 따라서 예수 그리스도의 은혜언약 아래에 있는 성도들에게는 율법을 통하여 성화의 과정에서 장애물이 되는 육체의 죄악된 모습을 드러나게 하여 줌으로써, 더욱 거룩한 삶을 살아갈 수 있도록 이끌어주는 유용한 은혜의 방편이 되는 것이다.

언약신학적인 입장에서 바라본
율법이 사형제도의 근거가 되는지 여부

사형제도를 반대하는 주장의 성경적 근거

사형을 반대하는 사람들의 주된 주장의 성경적 근거로는 구약성경으로는 출애굽기 20장 13절의 "살인하지 말라"는 명령은 사형을 금지한 것이라고 주장한다. 그리고 신약성경의 마태복음 5장 38절 내지 39절의 내용도 이를 인용하고 있으며, 사랑의 예수님이 "네 이웃을 네 자신 같이 사랑하라"는 말씀을 통하여 이 명령에 순종해 이웃을 사랑하면서, 동시에 살인죄를 저지른 이웃을 사형에 처하는 것이

모순이기 때문에 사형을 해서는 안된다고 한다.[38]

> [38] 또 눈은 눈으로, 이는 이로 갚으라 하였다는 것을 너희가 들었으나 [39] 나는 너희에게 이르노니 악한 자를 대적하지 말라 누구든지 네 오른편 뺨을 치거든 왼편도 돌려 대며.(마 5:38~39)

> [39] 둘째도 그와 같으니 네 이웃을 네 자신 같이 사랑하라 하셨으니.
> (마 22:39)

나아가 구약은 간음죄에 대해 사형을 명령했지만(신 22:23~24), 예수님은 요한복음 8장 7절 내지 11절에서 간음하다가 붙잡힌 여자에 대해서는 정죄하지 아니하신 것은 예수님이 사람들이 간음죄에 대해 사형을 집행하는 것을 더 이상 원하시지 아니하는 것이라고 주장하고 있다.[39]

> [7] 그들이 묻기를 마지 아니하는지라 이에 일어나 이르시되 너희 중에 죄 없는 자가 먼저 돌로 치라 하시고 [8] 다시 몸을 굽혀 손가락으로 땅에 쓰시니 [9] 그들이 이 말씀을 듣고 양심에 가책을 느껴 어른으로 시작하여 젊은이까지 하나씩 하나씩 나가고 오직 예수와 그 가운데 섰는 여자만 남았더라 [10] 예수께서 일어나사 여자 외에 아무도 없는 것을 보시고 이르시되 여자여 너를 고발하던 그들이 어디 있느냐 너를 정죄한 자가 없느냐 [11] 대답하되 주여 없나이다 예수께서 이르시되 나도 너를 정죄하지 아니하노니 가서 다시는 죄를 범하지 말라 하시니라(요 8:7~11)

---

38) 웨인 그루뎀, 기독교윤리학(중), 전의우 · 박문재 역(서울:부흥과개혁사, 2022), 210.
39) 그루뎀, 위의 책, 212.

그리고 예수 그리스도는 인류의 대속(代贖)을 위해서 십자가의 고난을 당하셨기 때문에 사형을 시행할 경우에는 살인자로 하여금 그리스도의 은총을 받을 수 있는 기회를 박탈할 뿐만 아니라 예수님의 대속을 부정하기 때문에 폐지되어야 한다고 한다.

율법의 본질을 언약신학의 관점에서 바라보지 못한 오해

사형반대론자들이 주장하는 근거는 결국 구약의 율법에서 정한 계명이나 예수님이 전하신 사랑의 계명을 바탕으로 사형제도를 반대하고 있다. 특히 예수님은 사랑의 하나님의 본체이시기 때문에 신약시대에서는 사형을 시행해서는 안된다고 한다.

그러나 전술(前述)한 바와 같이 언약신학의 관점에서 구약의 율법을 바라보게 되면 이러한 율법은 하나님의 택한 백성을 여자의 후손인 예수 그리스도로 인도하기 위한 초등교사의 역할을 하기 위함이었다는 것을 잘 알 수 있다. 이는 곧 택한 백성인 특별은혜의 영역안에 있는 이스라엘 또는 교회를 부르시기 위한 은혜의 방편으로 주신 것으로서, 아래 제3장에서 주장하는 일반은혜의 혜택으로 일반 국가에게 직접적으로 주어진 것이 결코 아니다.

다음으로 신약성경에서 예수님은 새 계명을 주셨다. 그리고 그 새 계명은 "내가 너희를 사랑한 것 같이 너희도 서로 사랑하라"는 것이다. 그런데 이 계명의 구체적인 내용을 보면 오히려 구약의 계명보다도 훨씬 더 고차원(高次元)의 사랑의 표현임을 위에서 논증했다(마

5:21~7:27), 그래서 이러한 새 계명은 율례를 행할 수 있는 성령을 받은 사람들을 향하여 주시는 것이다. 즉 새 계명은 곧 구원받은 백성, 곧 무형의 교회를 향한 선포로써 오직 성령의 힘에 덧입어서 하나님을 사랑하고, 이웃을 사랑함으로써 세상의 빛과 소금이 되도록 하시는 것이다.

그런데 이러한 특별은혜 아래에 있지 아니한 일반은혜의 혜택으로 존재하는 국가에게 성령의 요구를 근거로 하여 사형제도를 폐지하여야 한다는 주장은 성경적 언약신학의 관점에서 받아들이기 어렵다고 할 것이다. 이 부분에 대한 상세한 뒷받침 역시 아래 제3장의 교회와 국가가 구별되는 부분에서 주장하기로 한다.

나아가, 개혁주의 신학의 입장에서는 사형제도가 예수 그리스도의 대속을 부정하는 것이라는 관점은 더욱 받아들이기 어려운 것이다. 왜냐하면 도르트 신조(Canon of Dort)에서 선포된 바와 같이 예수 그리스도의 속죄의 범위는 결국 여자의 후손, 아브라함의 씨, 다윗의 혈통으로 오신 예수 그리스도의 은혜언약 아래에 있는 구원받은 백성을 향한 속죄(贖罪)를 지향하는 것이지, 결코 일반은혜의 수단으로 주어진 국가를 향한 것이 아니기 때문이다.

해석학적인 관점에서의 오류

언약신학적 관점에서 이미 율법을 근거로 사형제도의 폐지의 근거로 사용해서는 안된다는 것은 확인하였다. 다만 여기서는 사형제도를 반대하는 사람들이 주장하는 출애굽기 20장 13절을 근거로 하는 것은 해석학적으로도 오류가 있다는 점을 추가하고자 한다.

즉 출애굽기 20장 13절의 "살인하지 말라"라는 부분은 아래 제3장에서 논증하는 바와 같이 "살인하다"로 번역된 רצח (라차흐)의 용례를 오해한 것이다. 성경에서 사용되는 어휘의 용례를 보면 사형을 통해 사람을 죽이는 경우에는 통상적으로 שפך(샤파크) 또는 심판으로서의 מות(무트)를 사용한다는 점에서 유의해야 할 것이다. 상세한 부분은 아래 제3장에서 설명하기로 한다.

소결론

따라서 사형 반대론자들이 근거로 들고 있는 출애굽기 20장 13절의 살인하지 말라는 것은 언약신학의 관점에서 바라보면 일반은혜의 혜택으로 주어진 국가에게 이를 강제할 수 있는 것은 전혀 아니다. 그리고 출애굽기 20장 13절의 살인하지 말라는 것은 살인한 범죄자에 대한 사형의 집행 또는 심판으로서의 사형을 가르키는 것은 아니라고 할 것이다. 나아가 예수 그리스도의 사랑의 시대에 살고 있는 오늘날에 사형을 집행하는 것은 예수 그리스도의 대속을 부정한다거나 대속의 은총을 받을 수 있는 기회를 박탈하기 때문에 사형제도를 시행해서는 안된다는 주장도 특별은혜와 일반은혜를 구분하지 못함으로써 발생하는 오류이다.

본 장(章)을 맺으며

본 장에서 필자는 창세기 3장 15절의 여자의 후손은 하나님의 특별 은혜의 섭리를 보여주고 있음을 논증하였다. 즉 하나님은 아담이 범죄한 후에 여자의 후손에 대한 약속을 선포하시고, 이후에 아브라함 언약과 다윗 언약을 통하여 오실 여자의 후손의 혈통을 점점 더 구체적으로 계시하셨다. 이러한 언약대로 예수 그리스도는 성령으로 잉태되셨고, 아브라함, 다윗의 언약대로 유대인의 왕의 혈통으로 인자로서 이 땅에 오셨다.

그런데 이스라엘 백성 역시 죄의 권세 아래에 있었기 때문에 하나님 앞에 순종할 수 있는 능력이 없었음에도 불구하고 그들의 영적인 상태를 알지 못하였다. 그리하여 하나님은 이러한 이스라엘 백성에게 모세 언약을 통하여 율법을 주심으로써 다시 한 번 행위언약 아래에 있는 인간의 비참한 모습을 바라보게 함으로써 오실 여자의 후손을 바라보게 하셨던 것이다.

결국 율법은 바로 이러한 목적을 위하여 일차적으로 주어졌던 것이고, 예수님은 모세 언약과 같이 저주와 두려움에 의한 강제적인 율법 준수가 아니라, 오직 예수 그리스도의 사랑에 힘입어서 성령의 도우심으로 말미암은 모세 언약을 초월한 사랑의 새 계명을 주셨던 것이다. 그리고 이러한 새 계명은 교회가 세상의 빛과 소금이 되어서 그 영역을 확장시켜 나감으로써 하나님의 영광을 더욱 드러낼 수 있는 은혜의 방편으로 주신 것이지, 결코 아담과 맺은 행위언약이나 모세 언약과는 달리 그 행위에 의지하는 것이 아니다.

따라서 구약의 모세 언약 아래에서의 율법은 일차적으로는 특별은 혜로 이끌기 위한 방편으로, 신약의 예수 그리스도 아래에서의 새 계명은 구약의 율법과 더불어 교회가 거룩한 삶을 살 수 있도록 하기 위하여 주신 것으로서 택함을 받은 자가 아닌 일반 사회나 국가를 대상으로 주어진 것이 아니라고 할 것이다. 따라서 국가에서 시행되는 사형제도의 찬성이나 반대의 근거로 구약의 율법이나 신약의 새 계명을 직접적으로 적용할 것은 아니다.

다만, 아래 제3장에서 보듯이 비록 이스라엘 백성이나 교회가 아닌 국가의 국민에게는 직접적으로 모세 언약의 율법이나 새 계명이 주어지지 아니하였다 하더라도 하나님의 인간을 향한 그 사랑의 본질은 변화는 것이 아니기 때문에 이러한 정신을 바탕으로 사형제도를 운용함에 있어서는 더욱 신중하여야 할 것이다.

· 제3장 ·

일반은혜의 수단으로서
국가와 형벌제도

도입말

제2장에서 **특별은혜**는 구원받을 개인에 관한 하나님의 특별한 은혜임에 반하여 **일반은혜**는 우리가 인류에 속해 있기 때문에 주어지는 보편적인 은혜로서 구원받을 개인에 관한 문제가 아니라 한 인간으로서 모든 사람과 함께 누리는 은혜를 말하는 것이라고 전술한 바 있다.

일반적으로 일반은혜 교리의 확정된 역사적 출발점은 홍수 사건 후에 하나님이 노아와 맺은 언약에서부터 출발한다.[40] 그러나 필자는 창세기 3장 16절 내지 19절부터 시작함으로써 하나님의 일반은혜 역시 아담이 범죄한 이후에도 중단되지 아니하고 계속되었음을 논증함으로써 하나님의 인간을 향한 자비로운 은혜의 신실하심을 드러낼 것이다. 그리고 국가는 궁극적으로 하나님으로부터 인간의 생명을 박탈할 수 있는 권한을 위임 받았다는 것을 논증할 것이다. 다만 이러한 사형제도를 시행할 수 있는 권한을 위임 받았다고 하더라도 이것이 성경적으로 더욱 정당성을 부여받기 위해서는 결코 보복의 목적이 아니라 악을 저지하는 공의의 목적으로 수행이 되어야 하고 필요·최소한으로 운영이 되어야 함을 주장할 것이다.

---

40) 카이퍼, 일반은혜, 임원주 역(서울: 부흥과개혁사, 2019), 47.

아담의 범죄 후 주어진 일반은혜

행위언약 아래에 있었던 아담

하나님은 아담이 선악을 알게 하는 나무의 열매를 먹을 경우에는 반드시 죽음에 대한 심판이 있을 것임을 선포하셨다.

> [17] 선악을 알게 하는 나무의 열매는 먹지 말라 네가 먹는 날에는 반드시 죽으리라 하시니라.(창 2:17)

> [17]וּמֵעֵץ הַדַּעַת טוֹב וָרָע לֹא תֹאכַל מִמֶּנּוּ כִּי בְּיוֹם אֲכָלְךָ מִמֶּנּוּ מוֹת תָּמוּת׃

한편 "반드시 죽으리라"의 표현의 히브리어를 보면 "מוֹת תָּמוּת"(모트 타무트) 라고 기록되어 있다. 이는 מוֹת(모트) 단순능동과 부정사의 절대형과 단순능동 미완료 2인칭 남성단수의 형태로 연결되어 있다. 부정사의 절대형이 동일한 어원을 가진 동사와 함께 이중으로 기록되는 구조는 동사에 대한 강조를 위함이며 그의 진술이 진실함을 확증하거나 확고히 하고자 할 때 그러한 구조의 문장을 사용한다.[41] 그렇다면 선악과의 열매를 먹을 경우에는 반드시 죽는다는 것, 즉 사망의 심판이 확고하다는 것으로서 아담은 하나님의 선악과를 먹지 말라는 명령에 절대적으로 순종해야만 하는 **행위언약** 아래에 놓여 있었다.

---

41) 권성달, 구약성경 히브리어(서울: 그리심, 2020), 105.

다음으로 **תָּמוּת**(타무트)는 단순능동 미완료 2인칭 남성단수로 기록되어 있다. 일반적으로 미완료의 시간결정은 문맥에서 해야 하는데, 하나님이 아담에게 이렇게 명령을 하신 것은 만일에 이것을 먹으면 죽는 것은 확실하지만 그 시간에 대해서는 미래를 이야기하는 것임을 알 수 있다.

사망의 심판유예와 저주 아래에서의 은혜

아담은 하나님이 금지하신 선악과의 열매를 먹었다. 그런데 하나님은 하나님의 낯을 피하여 숨은 아담에게 즉시 사망의 심판을 하지 않으시고, 오히려 여자의 후손에 대한 약속과 더불어 저주를 같이 명하시고, 창세기 3장 21절에는 가죽옷을 지어 입히시는 모습을 보여주셨다. 그리고 아담은 구백삼십 세에 육체적인 죽음을 맞이하게 되었다(창 5:5)

> 15 내가 너로 여자와 원수가 되게 하고 네 후손도 여자의 후손과 원수가 되게 하리니 **여자의 후손은 네 머리를 상하게 할 것이요** 너는 그의 발꿈치를 상하게 할 것이니라 하시고 16 또 여자에게 이르시되 내가 **네게 임신하는 고통**을 크게 더하리니 네가 수고하고 자식을 낳을 것이며 **너는 남편을 원하고 남편은 너를 다스릴 것**이니라 하시고 17 아담에게 이르시되 네가 네 아내의 말을 듣고 내가 네게 먹지 말라 한 나무의 열매를 먹었은즉 **땅은 너로 말미암아 저주를 받고 너는 네 평생에 수고하여야 그 소산을 먹으리라** 18 **땅이 네게 가시덤불과 엉겅퀴를 낼 것**이라 네가 먹을 것은 밭의 채소인즉 19 네가 흙으로 돌아갈 때까지 **얼굴에 땀을 흘려야 먹을 것을 먹으리니** 네가 그것에서 취함을 입었음이라 **너는 흙이니**

흙으로 돌아갈 것이니라 하시니라 [20] 아담이 그의 아내의 이름을 하와라 불렀으니 그는 모든 산 자의 어머니가 됨이더라 [21] 여호와 하나님이 **아담과 그의 아내를 위하여 가죽옷**을 지어 입히시니라. (창 3:15~21).

하나님은 창세기 2장 17절의 **תָּמוּת**(타무트)의 시제인 단순능동 미완료의 시제의 표현대로 즉각적인 사망의 심판이 아닌 그 심판을 유예하여 주시고 가죽옷을 지어 입히시는 은혜를 베풀어 주었다. 이에 대하여 루이스 벌코프는 일반은혜의 열매로서 선고의 집행이 유예된 것을 다음과 같이 설명하고 있다.

> 하나님은 죄인에게 사형을 선고하셨다. 선악과에 대해 언급하면서 하나님은 "네가 (그것을) 먹는 날에는 정녕 죽으리라"고 말씀하셨다. 인간은 이를 따 먹었고, 사형 선고가 어느 정도 수행되었지만, 동시에 완전히 수행된 것이 아니라는 것은 명백하다. **보통 은혜로 인해 하나님은 죄인에게 사형 선고를 즉시 완전히 집행하지 않고, 인간의 자연적 생명을 연장시켜서 회개할 시간을 주셨다.** 하나님은 죄인의 생명을 단번에 끊어 버리지 않고 회개할 기회를 주어서 모든 구실을 제거하고, 마지막까지 죄를 고집하는 자들에게 도래할 하나님의 저주를 정당화하신다.[42]

그리고 창세기 3장 16절 내지 19절을 통하여 인간은 비록 가시덤불과 엉겅퀴를 내는 땅이지만 이를 경작함으로써 그 유예 받은 사망의 심판이 임할 때까지 그 생명을 유지하고 출산함으로써 사람들이

---

42) 벌코프, 벌코프 조직신학, 717.

땅에 번성할 수 있는 은혜를 입게 되었다. 전정구 교수는 바로 이러한 점을 잘 포착하여 이러한 은혜가 공동체와 국가 발생의 먼 기원임을 기술하고 있다.[43]

> 그럼에도 불구하고 하와에게 허락된 임신과 출산 그리고 아담에게 부과된 노동의 수고를 통해 "그 소산"을 취하는 일은 하나님의 은혜로운 복인 것이 분명하다. 하나님은 아담과 하와가 에덴동산에서 추방당한 후에도 택함받은 자들과 유기당할 자들을 막론한 그들의 모든 후손이 함께 누릴 수 있는 이런 은혜로운 복을 약속하셨다. 그런 의미에서 창세기 3장 16~19절에 요약된 하나님의 은혜가 주는 유익은 구원의 은혜가 아니라, 일반은혜의 유익에 속한 것이다. 이런 유익들은 인류 역사가 지속되는 한 아무런 차별없이 모든 사람에게 부여되는 한시적인 복이다. 즉 가정, 공동체, 국가, 다국적인 복인 것이다. 그렇기 때문에 우리는 창세기 3장 16~19절을 일반은혜 언약에 대한 진술로 여기는 것이 타당하다. 비록 출산의 고통과 노동의 수고를 따를 지언정, 하나님은 임신과 출산 그리고 주거할 만한 환경의 공급을 통해 인간 삶이 지속될 것을 일방적으로 약속하셨던 것이다.

한편, 에덴 동산으로부터 쫓겨난 아담의 후손인 가인과 아벨의 이야기가 창세기 4장에 등장하게 된다. 가인이 아벨을 죽이고 난 후에 그 아내와 동침하여 에녹을 낳고, 성을 쌓고 그 이름을 에녹이라고 하고 있는 모습을 창세기 4장 17절에서 볼 수 있다.

---

43) 전정구. 성경신학. 84.

¹⁷ 아내와 동침하매 그가 임신하여 에녹을 낳은 지라 가인이 성을 쌓고 그의 아들의 이름으로 **성**을 이름하여 에녹이라 하니라. (창 4:17).

וַיֵּדַע קַיִן אֶת־ אִשְׁתּוֹ וַתַּהַר וַתֵּלֶד אֶת־ חֲנוֹךְ וַיְהִי בֹּנֶה עִיר וַיִּקְרָא שֵׁם הָעִיר כְּשֵׁם בְּנוֹ חֲנוֹךְ׃¹⁷

그런데 여기에 표현된 '성'은 עִיר(이르)인데 히브리어 및 이 단어의 동족어인 우가릿어, 페니키아어, 수메르어와 고대 아랍어에서는 "마을"을 의미하고, 성벽으로 둘러싸이지 아니한 마을을 히브리어로 일반적으로 חָצֵר(하제르)라고 칭하는 점과 구별된다. 이를 고려하여 보면 가인은 다른 사람들이 사는 곳과는 구별되게 울타리를 치는 방법으로 에녹성을 건설하여 공동체를 형성한 것임을 알 수 있다.

한편, 이렇게 공동체를 형성하고 살아가는 모습은 인간이 다른 동물들과는 완전히 구별되는 모습을 보여준다. 아리스토텔레스 (Aristoteles)의 "인간은 정치적 동물이다", "인간은 사회적 동물이다" 라고 표현하는 바와 같이 인간은 공동체를 형성하면서 일정한 질서를 형성하는 존재라는 것은 인간의 문화와 역사를 회고하여 보면 자명하게 드러난다고 할 것이다. 비록 인간의 이성이 모든 분야에서 타락이 된 상태, 즉 전적 타락(Total Depravity)의 상태에 있지만 하나님은 인간의 본성 안에 이러한 은혜를 허락하심으로써 하나님의 섭리를 이루어 가시는 것임을 우리는 알 수 있다.

홍수 심판과 각 나라의 성립

이제까지 우리는 홍수 심판 이전의 일반은혜에 따라서 공동체의 발생 기원을 살펴보았다. 그런데 성경은 홍수 심판을 통하여 노아의 방주 안에 있었던 노아가족과 짐승들 이외의 모든 호흡이 있는 사람과 짐승들은 진멸했다는 사실을 잘 기록하고 있다(창 7:23). 그렇다면 우리는 그 홍수 심판 이후에 태어난 후세들로서 하나님이 아담을 통하여 허락하신 그 일반은혜의 혜택이 심판 이후에도 그 은혜가 여전히 유효한지 여부에 대하여 확인할 필요성이 있다.

먼저 하나님이 노아와 그 아들들에게 언약하신 창세기 9장 1절 내지 7절을 보면 다음과 같다.

> ¹ 하나님이 노아와 그 아들들에게 복을 주시며 그들에게 이르시되 **생육하고 번성하여 땅에 충만**하라 ² 땅의 모든 짐승과 공중의 모든 새와 땅에 기는 모든 것과 바다의 모든 물고기가 너희를 두려워하며 너희를 무서워하리니 이것들은 너희의 손에 붙였음이니라 ³ **모든 산 동물은 너희의 먹을 것이 될지라** 채소 같이 내가 이것을 다 너희에게 주노라 ⁴ 그러나 고기를 그 생명 되는 피째 먹지 말 것이니라 ⁵ 내가 반드시 **너희의 피 곧 너희의 생명의 피를 찾으리니 짐승이면 그 짐승에게서, 사람이나 사람의 형제면 그에게서 그의 생명을 찾으리라** ⁶ **다른 사람의 피를 흘리면 그 사람의 피도 흘릴 것이니** 이는 하나님이 자기 형상대로 사람을 지으셨음이니라 ⁷ **너희는 생육하고 번성하며 땅에 가득하여 그 중에서 번성하라** 하셨더라.(창 9:1~7)

하나님은 노아와 그 아들들에게 "생육하고 번성하여 땅에 충만하라"고 하시었으며 모든 채소와 더불어 동물도 우리에게 붙여 주시는 은혜를 베푸셨다. 특별히 동물도 우리에게 먹을거리로 주심은 아담이 범죄하기 전에 하나님이 주신 창세기 1장 26절의 말씀과도 차이가 나며, 아담의 범죄한 이후에 땅의 저주의 심판 과정에서 은혜로 주신 창세기 3장 16절 내지 17절과도 구별이 된다.

> ²⁶ 하나님이 이르시되 내가 온 지면의 **씨 맺는 모든 채소와 씨 가진 열매 맺는 모든 나무**를 너희에게 주노니 너희의 먹을 거리가 되리라.(창 1:26)

> ¹⁶ 아담에게 이르시되 네가 네 아내의 말을 듣고 내가 네게 먹지 말라 한 나무의 열매를 먹었은즉 땅은 너로 말미암아 저주를 받고 너는 네 평생에 수고하여야 **그 소산**을 먹으리라 ¹⁷ 땅이 네게 가시덤불과 엉겅퀴를 낼 것이라 **네가 먹을 것은 밭의 채소**인즉. (창 3:16~17)

즉 창세기 9장 1절 내지 7절의 말씀을 통하여, 우리는 홍수심판 이후에도 하나님이 인간에게 땅에서 번성할 수 있도록 하기 위하여 아담이 타락한 이후에도 주어졌던 일반은혜를 갱신하심으로써 이를 베푸셨음을 확인할 수 있다.

한편, 이하의 논증의 논리적 일관성을 유지하기 위하여 창세기 10장 5절, 20절, 31절은 야벳, 함, 셈의 자손이 **족속과 언어와 지방과 나라**대로 머물렀다는 기록과 창세기 11장 9절의 기록 사이에는 약간의 의

문점을 해소할 필요가 있다. 왜냐하면, 창세기 10장 5절, 20절, 31절이 성경에서는 창세기 11장 9절의 바벨탑 사건보다 앞선 장(章)에 위치하고 있어서 각기 언어와 종족과 나라대로 분열된 순서를 특정할 필요가 있기 때문이다.

> 5 **이들**로부터 여러 나라 백성으로 나뉘어서 각기 언어와 종족과 나라대로 바닷가의 땅에 머물렀더라.(창 10:5)

> 20 이들은 **함**의 자손이라 각기 족속과 언어와 지방과 나라대로였더라.(창 10:20)

> 31 이들은 **셈**의 자손이니 그 족속과 언어와 지방과 나라대로였더라.(창 10:31)

> 9 그러므로 그 이름을 바벨이라 하니 이는 여호와께서 거기서 온 땅의 언어를 혼잡하게 하셨음이니라 여호와께서 거기서 그들을 온 지면에 흩으셨더라.(창 11:9)

그러나 창세기 10장의 기록은 창세기 11장 9절을 전제로 하여 기록된 것으로 보아야 할 것이다. 왜냐하면, 창세기 10장 5절, 20절, 31절에서의 "각기" 언어는 언어가 하나였던 시기가 있었음을 전제로 하여 그 이후에 "각기" 언어로 나뉜 것을 나타내기 때문이다. 그리고 창세기 10장과 창세기 11장 1절 내지 9절의 구조는 창세기 1장 27절과 창세기 2장 7절 내지 8절의 모습과 비유되는 것으로서 창세기 10장은 전체적인 족보의 모습을 먼저 나타내고 이에 대한 특징적인 모습을 창세기 11장 1절 내지 9절에서 이를 클로즈업 하는 형태로 기재된

것으로 보아야 하기 때문이다. [44]

한편, 우리는 창세기 10장 5절, 20절, 31절과 창세기 11장 9절을 통하여 한 국가가 잘 형성되어지기 위한 조건이 무엇인지 확인할 수 있다. 하나님은 인간에게 다른 피조물과는 달리 특별히 언어를 주셨는데, 이러한 언어를 통하여 인간은 상호간의 의사를 전달하는 형태로 성읍과 탑을 건설하면서 도시를 건설할 수 있었다. 결국 사람들이 일을 통하여 목적을 효과적으로 달성하기 위해서는 상호간의 역할분담이 있어야 할 것이고, 이러한 역할분담이 상호 충돌없이 이루어지기 위해서는 이러한 의사를 결정할 수 있는 역할을 하는 지위가 필요하다는 것은 우리의 삶을 반추(反芻)해 보면 자명한 것이다. 이러한 측면에서 언어라는 것은 의사를 결정하고 이를 전달하고 집행하는 수단으로서 주권(主權)이 효율적으로 발휘되기 위한 결정적인 것이다.

그리고 이러한 언어로 과거의 문화가 기록되고 축적 되어야만 인간은 다음 세대에 이러한 문화를 전달하고 이를 전달받은 후세는 이를 바탕으로 더 나은 문화를 만들어 나갈 수 있는 것이다. 하나님은 바로 이러한 인간의 이성 안에 언어를 사용할 수 있는 능력을 부여하여 주셨고, 이러한 언어를 바탕으로 인류는 더욱 땅에서 번성할 수 있었던 것이다.

---

44) 요세푸스, 요세푸스I. 김지찬 역(서울 : 생명의말씀사, 2022), 59~66. 요세푸스의 기록에 의하더라도 바벨탑 사건이 먼저 기록되고 이후에 각 나라가 정착되는 순서대로 기재되어 있다.

한편, 바벨탑 사건으로 인하여 언어가 혼잡하게 되자 창세기 10장 5절, 20절, 31절에서 보는 바와 같이 언어와 족속과 나라 대로 거주하게 되었다는 것이다. 여기서 "나라"라는 히브리어는 גּוֹי(고이)의 복수 연계형이 사용되었는데, גּוֹי(고이)는 나라, 백성, 이교 등을 뜻하는 단어로서 보통 기원이나 언어, 영토 그리고 통치적 단일(통일)성을 이루고 있는 것으로 여겨지는 개별적 실체를 가리키고 있다. 이는 עַם(암)이라는 말은 공통된 가계(家系), 그리고 계약에 의한 연합에 기초한 주관적이며 개인적인 관계성을 주로 뜻하는 것과는 구별된다. 그리하여 헤르만 바빙크(Herman Bavinck, 이하 '바빙크')는 다음과 같이 하나님의 일반은혜를 국가까지 확장하고 있다.

> 칼뱅은 성경에 의존하고 호소하여 **일반은총과 특별은총** 사이에, 그리고 온 창조 세계에서의 성령님의 사역과 신자들에게만 속한 성화의 사역 사이에, 구분점을 도출했습니다. 하나님께서는 죄가 그 파괴적인 일을 행하도록 방치하지 않으셨습니다. 그 분은 목적을 두고 창조하셨고, 타락 후에도 계속 그러하셨습니다. 그 분은 죄와 창조 사이에 **일반은총**, 즉 진정으로 새로워지지는 않지만 제약하거나 강제해 주는 은혜를 끼워 넣으셨습니다. 선하고 진실한 모든 것이 이 은혜안에서 출발합니다. 이는 심지어 타락한 인간에게서 나타나는 선함도 마찬가지입니다. 빛은 여전히 어둠 속에서도 빛납니다. 하나님의 영은 그들이 거할 처소도 주시며, 모든 피조물 가운데서 일하십니다. 결과적으로, 인간 안에는 하나님 형상의 흔적이 여전히 어느 정도 남아 있습니다. **오성과 이성**이 여전히 있으며, 인간안에는 모든 종류의 **자연적 은사**들이 있습니다. 인간 안에는 **종교의 씨앗**으로서 신성에 대한 인상이라는 하나의 감각이 거합니다. **이성**은 하나님의 귀한 선물이며, **철학**은 하나님의 훌륭한 선물입니다. **음악** 역시 하나님의 선물입니다. **예술**

과 학문은 선하며 실용적이며 훌륭한 가치입니다. **국가**는 하나님
의 기관입니다.[45]

이렇듯 노아의 홍수심판 이후에 하나님은 여전히 노아와 그 아들
들에게 선포하신 은혜언약대로 인류는 언어와 족속과 나라대로 모여
서 국가를 이루었다는 점을 보면 국가의 성경적 기원은 역시 하나님
의 일반은혜임을 잘 알 수 있다. 전정구 교수 역시 이러한 관점에서
국가의 기원을 일반은혜임을 잘 피력(披瀝)하고 있다.

> 하나님은 홍수 후 노아 언약을 통해서 자신의 일반 은혜를 회복하
> 고 갱신하신다. 하나님은 홍수 심판을 통해 현존하는 세상을 재창
> 조하셨다. 이후로, 노아의 자녀들은 각기 다른 지역으로 흩어져서
> **하나님의 일반은혜 아래 여러 족속과 나라들을 형성**하게 된다.[46]

소결론

따라서 하나님은 아담이 행위언약 아래에서의 불순종으로 인한 대
가인 사망의 심판을 즉각적으로 시행하지 아니하시는 은혜를 베풀어
주시고, 그 후손들이 저주와 심판 아래에 있었지만 땅에서 충만하고
번성하도록 하심으로써 그들에게 다시 한 번 하나님 앞으로 돌아올
수 있는 회개의 기회를 부여하셨다. 그럼에도 불구하고 인간의 죄악
이 관영하여 하나님은 홍수 심판을 통하여 이를 심판하셨지만, 다시

---

45) 헤르만 바빙크, 헤르만 바빙크의 일반은총. 박하림 역(군포:다함, 2021). 41~42.
46) 전정구, 성경신학. 112.

한번 은혜를 베푸셔서 인간이 번성하여 각 나라를 형성할 수 있게 되었다고 할 것이다.

하나님으로부터 부여된 국가의 통치권

이상에서 우리는 하나님의 일반은혜의 수단으로써 국가가 허용이 되어졌다는 것을 확인할 수 있었다. 그렇지만 국가가 허용이 되었다고 하더라도 그 백성을 통치할 수 있는 권위는 어디에서 비롯되었고, 이러한 권위의 행사 범위는 어디까지인가 하는 부분에 대하여 설명이 있어야만 국가가 사형제도를 시행하고 집행할 수 있는 정당한 성경적인 권한을 가지고 있는지 해명이 될 것이다.

모든 권위는 하나님으로부터 부여됨

로마서 13장 1절에서 "권세는 하나님으로부터 나지 않음이 없다"고 기록 하고 있다.

> [1] 각 사람은 위에 있는 권세들에게 복종하라 **권세는 하나님으로부터 나지 않음이 없나니 모든 권세**는 다 하나님께서 정하신 바라 [2] 그러므로 권세를 거스르는 자는 하나님의 명을 거스름이니 거스르는 자는 심판을 자취하리라.(롬 13:1~2)

로마서 13장 1절에서 기록된 권세를 나타내는 εξξουσία(엑수시아)

를 국가의 권위를 비롯한 모든 권위로 환유(換喩)하여 보면, 인간은 먹는 권한까지도 하나님으로부터 받았음을 알 수 있다. 즉 창세기 1장에서 28절 내지 29절을 보면 하나님은 인간이 땅을 정복하고 모든 생물을 다스리고 모든 채소와 모든 나무를 먹을 수 있는 권한을 부여하셨다.

> [28] 하나님이 그들에게 복을 주시며 하나님이 그들에게 이르시되 **생육하고 번성하여 땅에 충만하라, 땅을 정복하라, 바다의 물고기와 하늘의 새와 땅에 움직이는 모든 생물을 다스리라** 하시니라 [29] 하나님이 이르시되 내가 온 지면의 **씨 맺는 모든 채소와 씨 가진 열매 맺는 모든 나무**를 너희에게 주노니 너희의 **먹을 거리**가 되리라.(창 1:28~29)

그리고 창세기 3장 16절에서는 아담이 범죄한 후에 아내를 다스릴 권한을 남편에게 부여하시고,[47] 바울은 에베소서 5장 22절 내지 23절에서 이러한 취지를 기록하고 있다.

> [16] 또 여자에게 이르시되 내가 네게 임신하는 고통을 크게 더하리니 네가 수고하고 자식을 낳을 것이며 너는 남편을 원하고 **남편은 너를 다스릴 것**이니라 하시고.(창 3:16)

> [22] **아내들이여 자기 남편에게 복종**하기를 주께 하듯 하라 [23] 이는 **남편이 아내의 머리 됨**이 그리스도께서 교회의 머리 됨과 같음이니 그가 바로 몸의 구주시니라.(엡 5:22~23)

---

47) 카이퍼, 일반은혜, 임원주 역(서울: 부흥과개혁사, 2019), 144.

인간에 대한 심판권의 하나님의 전속성(專屬性)

하나님은 아담이 죄를 범하고 나서 창세기 2장 17절의 행위언약 위반에 따른 효과인 사망에 대한 심판의 권한을 곧바로 행하지 아니하시고, 창세기 5장 5절의 기록과 같이 아담은 구백삼십 세를 향수하기까지 이를 유예하여 주시는 일반은혜를 부여하셨다는 것은 전술(前述)한 바와 같다.

그런데 창세기 2장 17절, 5장 5절의 죽는다는 표현과 관련하여서는 מוֹת(무트)라는 동사를 사용하고 있다. 즉 아담이 죽은 것 역시 행위언약의 위반에 대한 심판으로서 죽음이 온 것임을 잘 표현해 주고 있다. 그리고 아담은 모든 인류를 대표하여 하나님과 맺은 언약이기 때문에 모든 인류에 대한 사망의 심판권은 전적(全的)으로 하나님에게 귀속되는 것이라고 할 것이다.

> [17] 선악을 알게 하는 나무의 열매는 먹지 말라 네가 먹는 날에는 반드시 **죽으리라** 하시니라.(창 2:17)

> [17]:וּמֵעֵץ הַדַּעַת טוֹב וָרָע לֹא תֹאכַל מִמֶּנּוּ כִּי בְּיוֹם אֲכָלְךָ מִמֶּנּוּ מוֹת תָּמוּת

> [5] 그는 구백삼십 세를 살고 **죽었더라.**(창 5:5)

> [5] וַיִּהְיוּ כָּל־יְמֵי אָדָם אֲשֶׁר־חַי תְּשַׁע מֵאוֹת שָׁנָה וּשְׁלֹשִׁים שָׁנָה וַיָּמֹת:

한편, 하나님은 아벨을 죽인 가인에 대하여는 창세기 4장 14절 내지 15절에서 그의 목숨을 바로 빼앗는 מות(무트)의 심판을 하지 아니하시고, 오히려 다른 사람이 가인을 죽이지 못하도록 표(票)를 주시기까지 하셨다. 즉 하나님은 죄를 범한 가인에 대한 심판권을 다른 사람에게는 전혀 위임하지 아니하였다는 것을 잘 보여준다고 할 것이다.

> [14] 주께서 오늘 이 지면에서 나를 쫓아내시온즉 내가 주의 낯을 뵈옵지 못하리니 내가 땅에서 피하며 유리하는 자가 될지라 무릇 나를 만나는 자마다 나를 **죽이겠나이다** [15] 여호와께서 그에게 이르시되 그렇지 아니하다 가인을 죽이는 자는 벌을 칠 배나 받으리라 하시고 가인에게 표를 주사 그를 만나는 모든 사람에게서 **죽임을 면하게 하시니라.**(창 4:14~15)

위 창세기 4장 내지 15절의 말씀은 요한복음 8장 3절 내지 9절의 간음하다가 현장에서 잡힌 여인에 대하여 예수님의 말씀을 떠올리게 한다.

> [3] 서기관들과 바리새인들이 음행중에 잡힌 여자를 끌고 와서 가운데 세우고 [4] 예수께 말하되 선생이여 이 여자가 간음하다가 현장에서 잡혔나이다 [5] 모세는 율법에 이러한 여자를 돌로 치라 명하였거니와 선생은 어떻게 말하겠나이까 [6] 그들이 이렇게 말함은 고발할 조건을 얻고자 하여 예수를 시험함이러라 예수께서 몸을 굽히사 손가락으로 땅에 쓰시니 [7] 그들이 묻기를 마지 아니하는지라 이에 일어나 이르시되 **너희 중에 죄 없는 자가 먼저 돌로 치라** 하시고 [8] 다시 몸을 굽혀 손가락으로 땅에 쓰시니 [9] 그들이 이 말씀을 듣고 양심에 가책을 느껴 어른으로 시작하여 젊은이까지 하나씩 하나씩 나가고 오직 예수와 그 가운데 섰는 여자만 남았더라 [10] 예수께

서 일어나사 여자 외에 아무도 없는 것을 보시고 이르시되 여자여 너를 고발하던 그들이 어디 있느냐 너를 정죄한 자가 없느냐 [11] 대답하되 주여 없나이다 예수께서 이르시되 **나도 너를 정죄하지 아니하노니** 가서 다시는 죄를 범하지 말라 하시니라.(요 8:3~11)

예수님은 "죄 없는 자가 먼저 돌로 치라"고 하시면서 오직 심판권은 죄가 없으신 예수님만이 가지고 계심을 밝히 보여주시고서는 간음한 여자에 대한 즉각적인 심판권 역시 유보하셨다. 다시 한번 강조하면 사람의 생명에 대한 심판권은 오직 **하나님만이 보유하고 계신 것**이다.

홍수 심판을 통한 직접적인 심판권의 행사

하나님은 아담이 비록 하나님의 말씀에 불순종하고 죄 아래에 속하였지만 창세기 3장 15절에서 약속하신 여자의 후손을 위하여 일반은혜 가운데 인간이 번성하기를 기다리셨다. 그렇지만 창세기 6장 5절 내지 7절의 기록과 같이 사람의 죄악이 세상에 가득함과 그의 마음으로 생각하는 모든 계획이 항상 악할 뿐임을 보시고 결국에는 물의 심판을 예고하시고 이를 그대로 집행하셨다.

> [5] 여호와께서 사람의 죄악이 세상에 가득함과 그의 마음으로 생각하는 모든 계획이 항상 악할 뿐임을 보시고 [6] 땅 위에 사람 지으셨음을 한탄하사 마음에 근심하시고 [7] 이르시되 내가 창조한 사람을 내가 지면에서 쓸어버리되 사람으로부터 가축과 기는 것과 공중의 새까지 그리하리니 이는 내가 그것들을 지었음을 한탄함이니라 하시니라 **육지에 있어 그 코에 생명의 기운의 숨이 있**

는 것은 다 죽었더라 ⁸ 그러나 노아는 여호와께 은혜를 입었더라.
(창 6:5~8)

²³ **지면의 모든 생물을 쓸어버리시니 곧 사람과 가축과 기는 것과
공중의 새까지**라 이들은 땅에서 쓸어버림을 당하였으되 오직 노
아와 그와 함께 방주에 있던 자들만 남았더라.(창 7:23)

그런데 인간의 죄악이 세상에 가득함에도 하나님은 왜 모든 생물
까지 다 심판을 하셨는지에 대하여는 하나님이 행하신 홍수 심판의
성격을 이해하기 위한 설명이 필요하다고 할 것이다. 본래 하나님은
창세기 1장 28절의 말씀과 같이 땅에 움직이는 모든 생물을 다스릴
수 있는 권한을 주심으로서 그것들 역시 아담의 권세 아래에 놓여있
었다. 그렇기 때문에 아담이 모든 인류의 조상으로서 대표가 되어서
인류가 행위언약의 심판 아래에 있었듯이, 땅에 움직이는 모든 생물
을 아담의 권속(眷屬) 아래에 두셨기 때문에 아담의 범죄로 인하여 저
주 아래에 놓이게 된 것이다. 창세기 3장 17절은 바로 이러한 원리를
잘 보여주는 말씀이라고 할 것이다.

²⁴ 하나님이 이르시되 **땅은 생물을 그 종류대로 내되 가축과 기
는 것과 땅의 짐승을 종류**대로 내라 하시니 그대로 되니라 ²⁵ 하
나님이 땅의 짐승을 그 종류대로, 가축을 그 종류대로, 땅에 기는
모든 것을 그 종류대로 만드시니 하나님이 보시기에 좋았더라.
(창 1:24~25)

²⁸ 하나님이 그들에게 복을 주시며 하나님이 그들에게 이르시되
생육하고 번성하여 땅에 충만하라, 땅을 정복하라, 바다의 물고

기와 하늘의 새와 **땅에 움직이는 모든 생물**을 다스리라 하시니라.(창 1:28)

¹⁷ 아담에게 이르시되 네가 네 아내의 말을 듣고 내가 네게 먹지 말라 한 나무의 열매를 먹었은즉 **땅은 너로 말미암아 저주를 받고** 너는 네 평생에 수고하여야 그 소산을 먹으리라.(창 3:17)

이러한 입장에서 바라보면 홍수 심판에 의하여 물고기들 역시 급작스런 환경의 변화로 고통을 받았겠지만, 멸절되는 심판을 받지 아니한 이유가 설명이 된다. 창세기 1장 20절에 의하면 물들로 하여금 생명이 나타나게 하셨고, 새도 물에서부터 나와서 하늘의 궁창에 날도록 지음을 받았다. 그렇지만 새들은 땅에 번성하도록 되어 있었다. 그래서 땅에서부터 나오지 아니한 어류들은 멸절되는 심판에서 벗어날 수 있었고, 새는 비록 물에서 나왔지만 땅에서 번성을 하였기 때문에 땅이 심판을 받는 그 반사적 효과로서 심판을 면할 수 없었던 것으로 보여진다.

²⁰ 하나님이 이르시되 **물들은 생물을 번성**하게 하라 땅 위 하늘의 궁창에는 새가 날으라 하시고 ²¹ 하나님이 큰 바다 짐승들과 물에서 번성하여 움직이는 모든 생물을 그 종류대로, 날개 있는 모든 새를 그 종류대로 창조하시니 하나님이 보시기에 좋았더라 ²² 하나님이 그들에게 복을 주시며 이르시되 생육하고 번성하여 여러 바닷물에 충만하라 새들도 땅에 번성하라 하시니라.(창 1:20~22)

¹⁷ 내가 홍수를 땅에 일으켜 무릇 생명의 기운이 있는 모든 육체를 천하에서 멸절하리니 **땅에 있는 것**들이 다 죽으리라.(창 6:17)

산 동물을 먹을 수 있는 권위를 부여하심

하나님은 노아와 그 아들들에게 홍수 이후에 일반은혜를 창세기 9장 2절 내지 3절에서 새롭게 부여하시는데, 창세기 1장 29절 내지 30절, 창세기 3장 17절 내지 19절과는 다른 부분들이 있다. 먼저 "모든 산 동물"을 먹이로 주시면서 다만 피 째 먹지 말라고 하셨다는 것이다.

> [29] 하나님이 이르시되 내가 온 지면의 **씨 맺는 모든 채소와 씨 가진 열매 맺는 모든 나무**를 너희에게 주노니 너희의 **먹을 거리**가 되리라 [30] 또 땅의 모든 짐승과 하늘의 모든 새와 생명이 있어 땅에 기는 모든 것에게는 내가 모든 푸른 풀을 먹을 거리로 주노라 하시니 그대로 되니라.(창 1:29~30)

> [17] 아담에게 이르시되 네가 네 아내의 말을 듣고 내가 네게 먹지 말라 한 나무의 열매를 먹었은즉 땅은 너로 말미암아 저주를 받고 너는 네 평생에 수고하여야 **그 소산**을 먹으리라 [18] 땅이 네게 가시덤불과 엉겅퀴를 낼 것이라 **네가 먹을 것은 밭의 채소**인즉 [19] 네가 흙으로 돌아갈 때까지 얼굴에 땀을 흘려야 먹을 것을 먹으리니 네가 그것에서 취함을 입었음이라 너는 흙이니 흙으로 돌아갈 것이니라 하시니라.(창 3:17~19)

> [2] 땅의 모든 짐승과 공중의 모든 새와 땅에 기는 모든 것과 바다의 모든 물고기가 너희를 두려워하며 너희를 무서워하리니 이것들은 너희의 손에 붙였음이니라 [3] **모든 산 동물은 너희의 먹을 것**이 될지라 채소 같이 내가 이것을 다 너희에게 주노라.(창 9:2~3)

하나님은 창세기 1장 29절(창세기 3장 17절 내지 19절 역시 동일한 취지)에는 인간에게 "온 지면의 씨 맺는 모든 채소와 씨 가진 열매 맺는 모든 나무를 주셨고", 모든 짐승과 하늘의 새와 생명이 있어 땅에 기는 모든 것에게는 "푸른 풀"을 먹을 거리로 주셨음에 반하여, 창세기 9장 2절 내지 3절에서 인간에게는 채소와 같이 모든 산 동물을 먹을 거리로 허락하셨다는 것이다.

이렇게 허락한 이유에 대하여 성경적인 직접적인 근거를 찾아보기 어려운 면은 있지만 당시의 홍수 이후에 처한 환경을 고려한 게할더스 보스(이하, '보스')의 주장은 참고할 만한다.

> 이 규례들은 동물과 사람 모두에게 해당되는 생명의 번식과 생명의 보호, 그리고 생명의 유지에 관한 것이다. 생명의 유지에 관한 내용이 짐승의 생명 보호에 대한 약속에 삽입된 것은, **생명을 더 잘 유지하기 위하여 짐승을 음식으로 허용하신 사실이 자연스럽게 이 문제와 연결**되기 때문이다. 이 수단들을 이해하기 위해서는 홍수로 인하여 인류가 열악한 환경 속에 있었다는 점을 분명 하게 그리고 있어야 한다.[48]

위 보스의 주장에 덧붙여, 홍수 이후에 하나님은 노아 언약을 통하여 모든 짐승들로 하여금 인간을 무서워하도록 하는 수단을 통하여 인간의 손에 붙이셨다. 그리고 신명기 7장 22절의 말씀을 통하여 유추하여 보면 짐승들의 성장 속도나 그 힘 등에 있어서 인간을 능가 하

---

48) 게할더스 보스. 성경신학. 원광연 역(파주: CH북스, 2020), 77.

는 부분이 있기 때문에, 이러한 짐승을 먹을거리로 주시면서 그 번성함의 제어를 통하여 인간을 보호하시기 위한 은혜의 수단으로서 이를 허락하신 측면도 엿볼 수 있다.

> ² 땅의 모든 짐승과 공중의 모든 새와 땅에 기는 모든 것과 바다의 모든 물고기가 너희를 두려워하며 너희를 무서워하리니 이것들은 너희의 손에 붙였음이니라.(창 9:2)

> ²² 네 하나님 여호와께서 이 민족들을 네 앞에서 조금씩 쫓아내시리니 너는 그들을 급히 멸하지 말라 **들짐승이 번성하여 너를 해할까** 하노라.(신 7:22)

한편 창세기 4장 4절, 8장 20절에서와 같이 하나님은 인간이 하나님 앞에 번제를 드리기 위하여 그 짐승의 생명을 취(取)할 권한은 부여하였지만, 그렇다고 하더라도 결코 먹을 권한을 준 사실은 발견되지 않는다. 그래서 전술(前述)한 바와 같이 모든 **권위**는 하나님으로부터 나오는 것이기 때문에 하나님은 홍수 심판 이후에 인간에게 산 동물을 먹을 수 있는 권위를 부여하셨던 것이다.

> ⁴ 아벨은 자기도 양의 첫 새끼와 그 기름으로 드렸더니 여호와께서 아벨과 그의 제물은 받으셨으나.(창 4:4)

> ²⁰ 노아가 여호와께 제단을 쌓고 모든 정결한 짐승과 모든 정결한 새 중에서 제물을 취하여 번제로 제단에 드렸더니.(창 8:20)

사람의 피를 흘린 자에 대한 심판권의 인간에게의 위임

창세기 9장 3절 내지 4절에서는 동물에 대한 생명을 박탈하여 먹이로 할 수 있는 권한을 인간에게 준 말씀의 바로 다음에 위치하는 창세기 9장 5절 내지 6절에는 사람의 생명을 해할 경우에는 어떻게 해야 되는가에 대하여 하나님은 "그 사람의 피도 흘릴 것이[라]"고 하셨다. 한편 언약신학의 관점에서는 창세기 9장 1절부터 17절을 **노아 언약**이라고 칭하므로 여기서도 이를 그대로 원용하기로 한다.

> [5] 내가 반드시 너희의 피 곧 너희의 생명의 피를 찾으리니 짐승이
> 면 그 짐승에게서, 사람이나 사람의 형제면 그에게서 그의 생명을
> 찾으리라 [6] 다른 사람의 피를 흘리면 그 사람의 **피도 흘릴 것**이니
> 이는 하나님이 자기 형상대로 사람을 지으셨음이니라.(창 9:5~6)

וְאַ֣ךְ אֶת־ דִּמְכֶ֤ם לְנַפְשֹֽׁתֵיכֶם֙ אֶדְרֹ֔שׁ מִיַּ֥ד כָּל־ חַיָּ֖ה אֶדְרְשֶׁ֑נּוּ וּמִיַּ֣ד הָֽאָדָ֗ם מִיַּד֙
אִ֣ישׁ אָחִ֔יו אֶדְרֹ֖שׁ אֶת־ נֶ֥פֶשׁ הָֽאָדָֽם׃[5]

שֹׁפֵךְ֙ דַּ֣ם הָֽאָדָ֔ם בָּֽאָדָ֖ם דָּמ֣וֹ יִשָּׁפֵ֑ךְ כִּ֚י בְּצֶ֣לֶם אֱלֹהִ֔ים עָשָׂ֖ה אֶת־ הָאָדָֽם׃[6]

먼저 창세기 9장 6절의 "그 사람의 피도 흘릴 것이니"에 대한 피를 흘린다는 שֹׁפֵךְ(샤파크)에 대한 자세한 단어의 용례에 대한 설명이 필요한 것으로 보인다. 왜냐하면 제2장에서 설명한 바와 같이 사형을 반대하면서 주장하는 논거로 들고 있는 출애굽기 20장 13절의 "살인하지 말라"라는 부분에서 사용되는 살인이라는 동사인 רצח(라차흐)와 혼동을 하고 있기 때문이다.

한편, '피를 흘린다'의 동사로 기록되어진 שָׁפַךְ(샤파크)는 인간의 생명을 빼앗는 데 관계되는 부분에서 이 단어가 사용되고 있다. 그리고 שָׁפַךְ(샤파크)가 성경에서 사용되는 다른 용례를 보면 용기의 내용물, 즉 물(출 4:9), 석회나 먼지(레 14:41)등을 쏟아 내놓는 것을 표현하는 데 쓰여지며, 비유적으로 하나님의 진노를 쏟아내는 모습(호 5:10)을 표현할 때 사용이 되어지고 있다.

> ⁶ 다른 사람의 피를 흘리면 그 사람의 **피도 흘릴 것이니** 이는 하나님이 자기 형상대로 사람을 지으셨음이니라.(창 9:6)
>
> שֹׁפֵךְ֙ דַּ֣ם הָֽאָדָ֔ם בָּֽאָדָ֖ם דָּמ֣וֹ יִשָּׁפֵ֑ךְ כִּ֚י בְּצֶ֣לֶם אֱלֹהִ֔ים עָשָׂ֖ה אֶת־הָאָדָֽם׃⁶
>
> ⁹ 그들이 이 두 이적을 믿지 아니하며 네 말을 듣지 아니하거든 너는 나일 강 물을 조금 떠다가 땅에 **부으라** 네가 떠온 나일 강 물이 땅에서 피가 되리라.(출 4:9)
>
> וְהָיָ֡ה אִם־לֹ֣א יַאֲמִ֡ינוּ גַּם֩ לִשְׁנֵ֨י הָאֹתֹ֜ות הָאֵ֗לֶּה וְלֹ֤א יִשְׁמְעוּן֙ לְקֹלֶ֔ךָ וְלָקַחְתָּ֙ מִמֵּימֵ֣י הַיְאֹ֔ר וְשָׁפַכְתָּ֖ הַיַּבָּשָׁ֑ה וְהָי֤וּ הַמַּ֙יִם֙ אֲשֶׁ֣ר תִּקַּ֣ח מִן־הַיְאֹ֔ר וְהָי֥וּ לְדָ֖ם בַּיַּבָּֽשֶׁת׃⁹
>
> ¹⁰ 유다 지도자들은 경계표를 옮기는 자 같으니 내가 나의 진노를 그들에게 물 같이 **부으리라.**(호 5:10)
>
> הָיוּ֙ שָׂרֵ֣י יְהוּדָ֔ה כְּמַסִּיגֵ֖י גְּב֑וּל עֲלֵיהֶ֕ם אֶשְׁפֹּ֥וךְ כַּמַּ֖יִם עֶבְרָתִֽי׃¹⁰

그런데 우리가 "살인하지 말라"는 십계명에서 사용되어진 단어는 רָצַח(라차흐)로서 שָׁפַךְ(샤파크)와는 다른 단어를 택하여 사용하고 있다(출 20:13). 그리고 רָצַח(라차흐)는 성경에서 선지자들이 이스라엘의 부정(不正)과 무법(無法)성의 결과를 묘사하기 위하여 רצח(라차흐)를 사용한다.

¹³ **살인**하지 말라.(출 20:13)

לֹא תִּרְצָח¹³:

² 오직 저주와 속임과 **살인**과 도둑질과 간음뿐이요 포악하여 피가 피를 뒤이음이라.(호 4:2)

אָלֹה וְכַחֵשׁ וְרָצֹחַ וְגָנֹב וְנָאֹף פָּרָצוּ וְדָמִים בְּדָמִים נָגָעוּ²:

²¹ 신실하던 성읍이 어찌하여 창기가 되었는고 정의가 거기에 충만하였고 공의가 그 가운데에 거하였더니 이제는 **살인자들**뿐이로다.(사 1:21)

אֵיכָה הָיְתָה לְזוֹנָה קִרְיָה נֶאֱמָנָה מְלֵאֲתִי מִשְׁפָּט צֶדֶק יָלִין בָּהּ וְעַתָּה מְרַצְּחִים²¹:

이상의 단어의 사용례를 보면 창세기 9장 6절의 שפך(샤파크)는 하나님의 진노를 나타내시면서 인간의 생명을 죽게 만든 자에 대하여 그 피를 흘리도록 하는 권위적인 모습을 나타날 때 사용이 되는 것임을 알 수 있다. 이는 하나님이 아담이 선악과의 열매를 먹게 될 경우에 죽는다는 그 심판을 나타내는 מות(무트)와 같이 죄를 지은 잘못에 대한 심판과 동일함을 알 수 있고, 이에 반하여 출애굽기 20장 13절에서 사용되어지는 רצח(라차흐)는 불법적인 형태로 이루어지는 사람의 목숨을 빼앗을 때의 모습을 표현하는 것으로서 분명히 구별이 된다고 할 것이다.

웨인 그루뎀은 שָׁפַךְ(샤파크)라는 동사의 뜻을 살려서 다음과 같이 인간의 복수에 의한 집행이 아니라 하나님이 요구하시는 정의의 집행으로서 사형제도가 성경적으로 허용된 것으로 주장하고 있다.

> 하나님에게 온 이 명령은 어떤 사람이 다른 사람을 살해했을 때는 살인자도 죽게 될 것이라고 말한다. 살인자에 대한 이 처형은 하나님이 직접 집행하는 것이 아니라, **하나님을 대신해 인간이 집행**하게 될 것이었다. "그 사람의 피도 흘릴 것이니" 하지만 이것은 인간의 복수가 아니라, **하나님이 친히 요구하시는 정의를 집행**하는 것으로 여겨졌다.[49]

이상에서 살펴본 바와 같이 하나님은 홍수 심판 이후에 노아 언약을 통하여 사람이 다른 사람을 죽일 경우에는 그 살인자를 타인으로 하여금 죽일 수 있는 권한을 부여하신 것임을 알 수 있다. 물론 여기서의 **타인**의 범위에 대하여는 이하에서 계속하여 논의를 진행할 것이다.

전(全) 지구적인 심판의 유예로서 위임된 사형제도

하나님은 홍수 심판 이후에 인간의 생명을 박탈하는 범죄에 대하여는 전술한 바와 같이 행위언약에 전속된 하나님의 심판권을 직접

---

49) 웨인 그루뎀, 기독교 윤리학(중), 전의우, 박문재 역(서울: 부흥과개혁사), 199.

행사하지 아니하시고 인간에게 이를 허용하셨는데, 이는 노아와 맺은 언약의 영구성을 고려하여 보면 하나님의 전(全) 지구적인 심판의 유예의 은혜임을 우리는 확인하게 된다.

즉, 하나님은 사람의 죄악이 세상에 가득함과 그의 마음으로 생각하는 모든 계획이 항상 악할 뿐임을 보시고서는 창세기 2장 17절의 아담과의 행위언약에 따른 심판권을 땅에 있는 모든 생명체에 행하셨다. 그런데 이제 하나님은 노아가 정결한 짐승 등으로 올려드린 번제를 받으시고는 다시는 물로서 심판하지 않으실 것을 약속하셨다.

> [20] 노아가 여호와께 제단을 쌓고 모든 정결한 짐승과 모든 정결한 새 중에서 제물을 취하여 번제로 제단에 드렸더니 [21] 여호와께서 그 향기를 받으시고 그 중심에 이르시되 내가 다시는 사람으로 말미암아 땅을 저주하지 아니하리니 **이는 사람의 마음이 계획하는 바가 어려서부터 악함이라 내가 전에 행한 것 같이 모든 생물을 다시 멸하지 아니하리니** [22] 땅이 있을 동안에는 심음과 거둠과 추위와 더위와 여름과 겨울과 낮과 밤이 쉬지 아니하리라.(창 8:20~22)

여기서 정결한 제물의 번제는 궁극적으로 하나님의 어린 양으로 오신 예수 그리스도의 십자가의 죽음을 통한 대속을 보여주는 구속사(救贖史)의 예표(豫表)임은 본 논문의 쟁점을 벗어나기에 이것으로 정리한다. 이러한 하나님의 약속은 창세기 9장 8절 내지 17절에서 영원한 무지개의 언약의 증거를 통하여 세워진다.

⁸ 하나님이 노아와 그와 함께 한 아들들에게 말씀하여 이르시되 ⁹ 내가 내 언약을 너희와 너희 후손과 ¹⁰ 너희와 함께 한 모든 생물 곧 너희와 함께 한 새와 가축과 땅의 모든 생물에게 세우리니 방주에서 나온 모든 것 곧 땅의 모든 짐승에게니라 ¹¹ **내가 너희와 언약을 세우리니 다시는 모든 생물을 홍수로 멸하지 아니할 것이라 땅을 멸할 홍수가 다시 있지 아니하리라** ¹² 하나님이 이르시되 내가 나와 너희와 및 너희와 함께 하는 모든 생물 사이에 **대대로 영원히 세우는 언약의 증거**는 이것이니라 ¹³ 내가 내 **무지개를 구름 속에 두었나니 이것이 나와 세상 사이의 언약의 증거**니라 ¹⁴ 내가 구름으로 땅을 덮을 때에 무지개가 구름 속에 나타나면 ¹⁵ 내가 나와 너희와 및 육체를 가진 모든 생물 사이의 내 언약을 기억하리니 **다시는 물이 모든 육체를 멸하는 홍수가 되지 아니할지라** ¹⁶ 무지개가 구름 사이에 있으리니 내가 보고 나 하나님과 모든 육체를 가진 땅의 모든 생물 사이의 **영원한 언약을 기억**하리라 ¹⁷ 하나님이 노아에게 또 이르시되 내가 나와 땅에 있는 모든 생물 사이에 세운 언약의 증거가 이것이라 하셨더라.(창 9:8~17)

하나님은 이제 인간의 마음이 계획하는 바가 어려서부터 악함을 보시고 노아로부터 번성한 인간들에게 홍수 심판과 같이 전(全) 지구적인 심판이 아니라, 인간의 죄악에 대해서는 인간 각자의 행함에 대하여 타인에 의하여 심판을 받도록 하셨다. 이는 인류가 전적으로 타락은 하였지만 인간에 대하여 하나님의 직접적인 심판권 행사를 자제하시고, 인류가 번성할 수 있도록 베풀어주신 하나님의 배려이자 또한 은혜임을 알 수 있다. 특히 신명기 19장 18절 내지 19절이 이러한 하나님의 뜻을 보여주는 강력한 성경 말씀이라고 할 것이다.

¹⁸ 재판장은 자세히 조사하여 그 증인이 거짓 증거하여 그 형제를 거짓으로 모함한 것이 판명되면 ¹⁹ 그가 그의 형제에게 행하려고 꾀한 그대로 그에게 행하여 **너희 중에서 악을 제하라.**(신 19:18~19)

그리고 이제는 전(全) 지구적인 심판이 아니기 때문에 인간은 각자의 행위에 따라서 심판을 받아야 하고, 이러한 심판권이 주어졌기 때문에 이것을 구체화하는 것도 역시 인간에게 부여된 것이라고 보아야 할 것이다. 왜냐하면 대(大)는 소(小)를 포함하고 있듯이 살인에 대하여 사형의 집행권을 위임받은 것이 대(大)의 측면이고, 이를 집행하는 것은 그것을 실현하는 수단인 소(小)의 측면이기 때문이다.

사형을 규정할 수 있는 범죄의 종류에 대한 권한의 범위

이상에서와 같이 살인을 범한 사람에게 타인이 그 목숨을 취할 수 있는 권한을 부여한 것이 하나님의 전(全) 지구적인 심판을 유예하기 위한 측면에서 바라볼 경우에 우리는 살인죄 이외의 다른 범죄에도 국가가 사형제도를 두는 것이 성경적에 합치하는가 하는 부분에 대한 의문을 가질 수 있다.

하나님이 홍수 심판을 행하신 이유를 보면 사람의 죄악이 세상에 가득함과 그의 마음으로 생각하는 모든 계획이 항상 악하였기 때문에 심판을 하신 것이었다. 여기서 우리는 "살인이 세상에 가득함"이라는 구절이 성경에 직접적으로 없다는 것에 주목해야 할 것이다. 물론 살인죄는 하나님의 형상으로 창조되어진 인간의 생명이라는 점과 아담과의 행위언약에 따른 심판권은 오직 하나님에게만 있음에도 그 권한을 침해하였다는 측면에서 가장 중대한 범죄라는 것은 더 언급할 필요는 없다. 그렇지만 이 살인죄도 궁극에는 "죄"의 열매에서 비롯된 것이다.

חַטָּאת(핫타트)라고 표현되는 **죄**는 결국 그 어원의 뜻대로 "길을 잃거나 표시를 놓쳐버린 것"으로서, 우리는 하나님에게 영광을 돌려야 하는 그 순종이 방향과 길을 잃어서 자기에게로 향하였기 때문에 죄의 열매인 살인이 범하여 졌다는 것을 가인이 아벨을 죽인 행위에서 확인할 수 있다. 즉 가인이 아벨을 죽인 이유에 대하여 요한일서 3장 11절 내지 15절을 보면 결국 미움에서 살인이 나왔다는 것을 알 수 있다. 이러한 미움은 가인의 제사는 받아들여지지 아니하고 거절된 부분에 대하여 하나님을 향한 원망이 아벨에게 투사(投射)된 것이라고 밖에 볼 수 없는 것이다. 그렇기 때문에 사도 요한은 "형제를 미워하는 자마다 살인하는 자"라고 기록하고 있는 것이다.

> [11] 우리는 서로 사랑할지니 이는 너희가 처음부터 들은 소식이라 **[12] 가인 같이 하지 말라 그는 악한 자에게 속하여 그 아우를 죽였으니 어떤 이유로 죽였느냐 자기의 행위는 악하고 그의 아우의 행위는 의로움**이라 [13] 형제들아 세상이 너희를 미워하여도 이상히 여기지 말라 [14] 우리는 형제를 사랑함으로 사망에서 옮겨 생명으로 들어간 줄을 알거니와 사랑하지 아니하는 자는 사망에 머물러 있느니라 [15] **그 형제를 미워하는 자마다 살인하는 자**니 살인하는 자마다 영생이 그 속에 거하지 아니하는 것을 너희가 아는 바라.(요일 3:11~15)

그리고 다시금 창세기 6장 2절 내지 3절을 보면 하나님은 경건한 하나님의 아들들이 타락한 모습도 심판의 주요한 원인이 되었음을 알 수 있다.

> ² **하나님의 아들**들이 **사람의 딸**들의 아름다움을 보고 자기들이 좋아하는 모든 여자를 아내로 삼는지라 ³ 여호와께서 이르시되 **나의 영이 영원히 사람과 함께 하지 아니하리니** 이는 그들이 육신이 됨이라 그러나 그들의 날은 **백이십 년**이 되리라 하시니라.(창 6:2~3)

여기서 하나님의 아들, 사람의 딸에 대해서는 다양한 해석이 존재한다. 대표적인 해석의 예를 들자면 하나님의 아들에 대해서는 ① 권세 있는 집안의 유대 랍비들이라는 견해, ② 다른 성경구절의 용례(욥 1:6;2:1;38:7, 단 3:25)에 따라서 천사라는 견해, ③ 셋 계통의 경건한 자녀들이라는 견해가 있다. 그러나 ①의 견해는 당시의 상황에 처한 환경을 기준으로 볼 때는 전혀 받아들일 수 없는 견해이고, ②의 견해로 볼 경우에는 본문의 전후 문맥에 어울리지 않는다. 그리고 이를 천사로 볼 경우에는 향후 전개되는 성경의 역사는 인간의 타락에 관한 역사가 아니라 천사의 타락에 관한 역사로 변질 됨으로써 인자(人子)로 오시는 예수님을 설명할 수 없기 때문에 받아들일 수 없다. 그렇기 때문에 ③의 견해가 가장 타당하다고 할 것이다.[50]

---

50) 강병도 편, NEW 호크마 주석 구약 I, 125.

그리고 사람의 딸에 대해서도 ① 지체 낮은 천민 계층의 딸이라는 견해, ② 인간의 딸이라는 견해, ③ 가인 계통의 불경건한 자녀들이라는 견해가 있지만[51] 위 하나님의 아들과 같은 기준으로 보면 ③의 견해가 가장 타당하다고 할 것이다. 결국 하나님은 이러한 타락에 대하여 백 이십 년 후에 홍수 심판을 통하여 그들의 생명을 거두어 가신다고 선포하신 것이다. 다만 노아는 여호와께 은혜를 입었기 때문에 노아와 함께한 사람들의 목숨은 그대로 유지될 수 있었다.

위 창세기 6장 2절 내지 3절과 같은 모습은 창세기 15장 16절, 신명기 7장 1절 내지 6절에서도 그대로 드러난다.

> [16] 네 자손은 사대 만에 이 땅으로 돌아오리니 이는 **아모리 족속의 죄악이 아직 가득 차지 아니함**이니라 하시더니.(창 15:16)

> [1] 네 하나님 여호와께서 너를 인도하사 네가 가서 차지할 땅으로 들이시고 네 앞에서 여러 민족 헷 족속과 기르가스 족속과 아모리 족속과 가나안 족속과 브리스 족속과 히위 족속과 여부스 족속 곧 너보다 많고 힘이 센 일곱 족속을 쫓아내실 때에 [2] 네 하나님 여호와께서 그들을 네게 넘겨 네게 치게 하시리니 그 때에 **너는 그들을 진멸**할 것이라 그들과 어떤 언약도 하지 말 것이요 그들을 불쌍히 여기지도 말 것이며 [3] 또 그들과 **혼인하지도 말지니 네 딸을 그들의 아들에게 주지 말 것**이요 그들의 딸도 네 며느리로 삼지 말 것은 [4] 그가 **네 아들을 유혹하여 그가 여호와를 떠나고 다른 신들을 섬기게** 하므로 여호와께서 너희에게 진노하사 갑자기 너희를 멸하실 것임이니라 [5] 오직 너희가 그들에게 행할 것은 이러하니 **그**

---

51) 강병도 편, 위의 책, 125.

제3장_ 일반은혜의 수단으로서 국가와 형벌제도 · **127**

들의 제단을 헐며 주상을 깨뜨리며 아세라 목상을 찍으며 조각한 우상들을 불사를 것이니라 ⁶ 너는 여호와 **네 하나님의 성민**이라 네 하나님 여호와께서 지상 만민 중에서 너를 자기 기업의 백성으로 택하셨나니.(신 7:1~6)

즉 신명기 7장 1절 내지 6절의 말씀과 창세기 15장 16절 말씀을 종합하여 보면, 하나님이 이스라엘 백성을 애굽에서 끌어낸 시점은 아브라함에게 약속하였던 아모리 족속의 죄악이 가득 찬 시점임을 알 수 있다. 그리고 하나님은 이스라엘 백성을 심판의 도구로 삼으시고 가나안의 일곱 족속을 심판하시는데, 이때 가나안 족속의 죄는 바로 다른 신들을 섬긴 것이 주된 것임을 알 수 있다. 결국 죄의 본질인 하나님에게 영광을 돌려야 하는 그 순종이 자기를 위한 우상의 숭배의 만연함이 하나님의 심판을 불러온다는 것을 잘 볼 수 있다.

그리고 성경의 기록을 보면 아래의 출애굽기 21장 15절 내지 17절, 같은 장 28절 내지 39절, 신명기 19장 16절 내지 19절의 성경말씀과 같이 종교적인 문제가 아닌 윤리적이거나 사회적인 책임을 물어서 사형제도를 두고 있는 것을 볼 수가 있다. 특히 신명기 19장 16절 내지 19절의 위증과 관련하여서는 어떤 사람이 재판과정에서 살인을 범하는 것을 목격하지 아니하였음에도 불구하고 이를 목격하였다고 위증을 하면 그 사람도 꾀한 그대로 행하라는 율법으로서 그에게도 살인을 꾀한 범죄 그대로 사형을 시행하라는 것으로서 위증의 제도에 대해서도 엄격하게 처벌을 하고 있음을 볼 수 있다.

¹⁵ **자기 아버지나 어머니를 치는 자**는 반드시 죽일지니라 ¹⁶ 사람을 납치한 자가 그 사람을 팔았든지 자기 수하에 두었든지 그를 반드시 죽일지니라 ¹⁷ **자기의 아버지나 어머니를 저주**하는 자는 반드시 죽일지니라.(출 21:15~17)

²⁹ **소가 본래 받는 버릇이 있고 그 임자는 그로 말미암아 경고를 받았으되 단속하지 아니하여 남녀를 막론하고 받아 죽이면** 그 소는 돌로 쳐죽일 것이고 임자도 죽일 것이며 ³⁰ 만일 그에게 속죄금을 부과하면 무릇 그 명령한 것을 생명의 대가로 낼 것이요.(출 21:28~30)

¹⁶ 만일 위증하는 자가 있어 어떤 사람이 악을 행하였다고 말하면 ¹⁷ 그 논쟁하는 쌍방이 같이 하나님 앞에 나아가 그 당시의 제사장과 재판장 앞에 설 것이요 ¹⁸ 재판장은 자세히 조사하여 그 증인이 거짓 증거하여 그 형제를 거짓으로 모함한 것이 판명되면 ¹⁹ **그가 그의 형제에게 행하려고 꾀한 그대로 그에게 행하여 너희 중에서 악을 제하라.**(신 19:16~19)

한편 이스라엘 백성에게 주어진 율법은 제2장에서 주장한 바와 같이 특별 은혜로 이끌어 가기 위한 방편임에도 불구하고 이를 일반은혜의 수단으로 주어진 국가에 적용이 가능한지에 대하여 의문이 있을 수 있다. 그러나 로마서 2장 12절 내지 15절의 말씀과 같이 하나님은 인간의 마음에 양심을 창조하셨고, 인간은 그 양심에 의하여 자기 스스로에게 율법이 되는데, 이러한 율법이 내면화된 양심을 가진 인간이 비록 전적으로 타락은 하였지만 어느 정도 보존이 되어 있다는 것이 개혁주의 신학의 견해이다. 이러한 점에 비추어 보면 일반적인 이성으로 통치하는 국가에서도 성경에 기록된 말씀의 취지를 유

추하여 이를 제정하는 것이 성경에 반하기 보다는 오히려 성경 합치적이라고 할 것이다.

> ¹² 무릇 율법 없이 범죄한 자는 또한 율법 없이 망하고 무릇 율법이 있고 범죄한 자는 율법으로 말미암아 심판을 받으리라 ¹³ 하나님 앞에서는 율법을 듣는 자가 의인이 아니요 오직 율법을 행하는 자라야 의롭다 하심을 얻으리니 ¹⁴ (**율법 없는 이방인이 본성으로 율법의 일을 행할 때에는 이 사람은 율법이 없어도 자기가 자기에게 율법이 되나니** ¹⁵ 이런 이들은 그 양심이 증거가 되어 그 생각들이 서로 혹은 고발하며 혹은 변명하여 **그 마음에 새긴 율법의 행위**를 나타내느니라).(롬 2:12~15)

특히, 필자의 위와 같은 주장의 논지의 타당성을 뒷받침하기 위하여 데이비드 반드루넨은 로마서 2장 15절에 대한 평가를 인용한다.

> 로마서 2장 15절에서 양심과 자연법을 연결시킨 것은 기독교의 도덕 신학에 중대한 영향을 끼쳐왔지만, 바울은 엄밀하거나 기술적인 논의를 제공하지 않는다. 바울의 "마음", "양심", "생각"에 대한 언급은 인간의 내면 구조의 독특한 측면을 구분하는 것 같지 않으며, 율법의 작용, 증거하는 것, 고소/핑계에 대한 언급은 완전히 분리된 역할인 것처럼 보이지 않는다. **오히려 바울은 그들이 그리스도 안에 있는 구속과는 별도로, 타락했지만 보존된 상태로 존재하기 때문에 사람의 내적인 도덕적 작용을 일반적인 방법으로 말하고 있다.**[52]

그렇다면 율법에서 사형과 관련한 말씀의 취지를 고려하여 일반

---

52) 데이비드 반드루넨, 언약과 자연법. 김남국 역(서울 : 부흥과개혁사, 2018), 343.

적인 국가에서도 살인죄 이외에도 사형제도를 제정하고 시행하더라도 창세기 9장 6절의 범위를 벗어나지는 않는다고 보여진다. 왜냐하면 창세기 9장 6절의 제정 취지가 하나님의 전(全) 지구적인 심판권의 행사의 자제(自制)라는 은혜를 통하여 사람의 번성함과 그 번성함 속에서 택한 자들의 구원을 목적으로 하는 점에서 보면 반드시 살인죄에만 사형이 한정될 이유는 없기 때문이다.

종교적인 사유를 원인으로 한 사형제도 실시의 부당성

한편, 이상의 논의를 바탕으로 현 시대에서 구약 성경의 우상숭배 규정과 같은 종교문제를 가지고 사형제도를 규정하는 것이 과연 타당한가 하는 의문을 가질 수 있다. 그러나 이는 홍수 후 **노아 언약**이 **일반은혜 언약**임을 확정함으로써 어느 정도 극복될 수 있을 것으로 보여진다.

카이퍼가 주장한 바와 같이 노아 언약에 대하여 파레우스(David Preus, 1548~1622), 퍼킨스(William Perkins, 1558~1602), 마스트리히트(Petrus van Mastricht, 1630~1706)는 노아 언약을 구원받은 신자들과만 체결된 것으로서 세계 전체와 관련이 없는 것으로 이해하였다.[53]

그러나 ① 창세기 9장 8절 내지 9절을 보면 하나님은 노아와 그와 함께한 셈, 함, 야벳과 체결한 것일 뿐만 아니라 그 후손과 체결하였

---

53) 카이퍼, 일반은혜1, 임원주 역(서울: 부흥과개혁사, 2019), 58~59.

다는 것을 명백히 하셨다. 그리고 셈, 함, 야벳의 후손은 창세기 10장의 기록과 같이 모든 족속이 여기서부터 다 나왔기 때문에 이는 인류 전체와의 언약임을 잘 알 수 있다. ② 그리고 하나님이 창세기 6장에서 창조한 모든 사람으로부터 가축과 기는 것과 공중의 새까지 심판을 하셨기 때문에 창세기 9장 9절 내지 10절에서 다시금 모든 사람과 모든 생물을 상대로 약속을 한 것은 바로 이러한 노아 언약은 일반은혜임을 잘 알 수 있다.

> [6] 땅 위에 사람 지으셨음을 한탄하사 마음에 근심하시고 [7] 이르시되 내가 창조한 사람을 내가 지면에서 쓸어버리되 사람으로부터 가축과 기는 것과 공중의 새까지 그리하리니 이는 내가 그것들을 지었음을 한탄함이니라 하시니라.(창 6:6~7)

> [8] 하나님이 노아와 그와 함께 한 아들들에게 말씀하여 이르시되 **[9] 내가 내 언약을 너희와 너희 후손과 [10] 너희와 함께 한 모든 생물** 곧 너희와 함께 한 새와 가축과 땅의 모든 생물에게 세우리니 방주에서 나온 모든 것 곧 땅의 모든 짐승에게니라.(창 9:8~10)

> [15] 내가 나와 너희와 및 육체를 가진 모든 생물 사이의 내 언약을 기억하리니 다시는 물이 모든 육체를 멸하는 홍수가 되지 아니할지라.(창 9:15)

카이퍼 역시 이러한 노아 언약의 일반은혜의 성격임을 확증하기 위하여 다음과 같이 칼뱅의 주장을 인용하고 있다.

이러한 노아 언약의 일반은혜의 성격에 대하여 칼뱅은 분명이 이렇게 말하고 있다. 노아의 모든 후손에게 제공하는 것이 하나님의 계획 이었다는 것은 의심의 여지가 없다. 그러므로 노아 언약은 사적인 언약이 아니었으며 … 모든 사람에게 공통적이고 세상이 끝날 때까지 모든 시대에 융성할 언약이었다.[54]

그렇다면 먼저 홍수 후 노아 언약은 전술한 바와 같이 인류 전부를 향한 일반은혜이기 때문에, 이스라엘 백성을 구원으로 이끌어가는 특별은혜와는 그 성격과 상대방이 다르기 때문에 구약성경의 우상숭배 등과 같은 종교적인 문제를 바탕으로 국가에서 일방적으로 사형제도를 규정하는 것은 성경에 합치되지 않는다고 할 것이다.

나아가 예수님도 마태복음 22장 15절 내지 20절에서 바리새인들이 세금 문제로 올무를 잡으려고 상황에서 "가이사의 것은 가이사에게, 하나님의 것은 하나님께 바치라"는 말씀을 하심으로써 **가이사가 주관하는 영역과 하나님의 통치영역**을 구분하셨다.

> [15] 이에 바리새인들이 가서 어떻게 하면 예수를 말의 올무에 걸리게 할까 상의하고 [16] 자기 제자들을 헤롯 당원들과 함께 예수께 보내어 말하되 선생님이여 우리가 아노니 당신은 참되시고 진리로 하나님의 도를 가르치시며 아무도 꺼리는 일이 없으시니 이는 사람을 외모로 보지 아니하심이니이다 [17] 그러면 당신의 생각에는 어떠한지 우리에게 이르소서 가이사에게 세금을 바치는 것이 옳으니이까 옳지 아니하니이까 하니 [18] 예수께서 그들의 악함

---

54) 카이퍼, 위의 책, 59.

을 아시고 이르시되 외식하는 자들아 어찌하여 나를 시험하느냐 ¹⁹ 세금 낼 돈을 내게 보이라 하시니 데나리온 하나를 가져왔거늘 ²⁰ 예수께서 말씀하시되 이 형상과 이 글이 누구의 것이냐 ²¹ 이르되 가이사의 것이니이다 이에 이르시되 그런즉 **가이사의 것은 가이사에게, 하나님의 것은 하나님께** 바치라 하시니.(마 22:15~21)

웨인 그루뎀은 이 지점에서 가이사의 것에 속하는 시민 정부와 하나님의 것에 속하는 교회에 대한 관계를 다음과 같이 주장하고 있다.

예수께서 서로 다른 두 영향력의 영역이, 정부를 위한 영역과 하나님 백성의 종교 생활을 위한 영역이 있어야 함을 보여주시기 때문이다. 세금처럼, 어떤 것들은 시민정부에게 속하며(가이사의 것), 이것은 교회가 이것들을 통제하려 해서는 안된다는 것을 암시한다. 다른 한편으로, 어떤 것들은 사람들의 종교생활에 속하며(하나님의 것), 이것은 시민 정부가 이것들을 통제하려 해서는 안된다는 것을 암시한다.[55]

그리고 사도 바울은 로마서 13장 1절 내지 7절에서 권세들에게 복종할 것을 명하면서 이러한 권세를 하나님의 사역자로까지 표현을 하고 있다.

¹ 각 사람은 위에 있는 **권세들에게 복종**하라 권세는 하나님으로부터 나지 않음이 없나니 모든 권세는 다 하나님께서 정하신 바라 ² 그러므로 권세를 거스르는 자는 하나님의 명을 거스름이니 거스르는 자들은 심판을 자취하리라 ³ 다스리는 자들은 선한 일

---

55) 그루뎀, 기독교윤리학(중), 126.

에 대하여 두려움이 되지 않고 악한 일에 대하여 되나니 네가 권세를 두려워하지 아니하려느냐 선을 행하라 그리하면 그에게 칭찬을 받으리라 ⁴ 그는 **하나님의 사역자**가 되어 네게 선을 베푸는 자니라 그러나 네가 악을 행하거든 두려워하라 그가 **공연히 칼**을 가지지 아니하였으니 곧 **하나님의 사역자**가 되어 **악을 행하는 자에게 진노하심을 따라 보응**하는 자니라 ⁵ 그러므로 복종하지 아니할 수 없으니 진노 때문에 할 것이 아니라 양심을 따라 할 것이라 ⁶ 너희가 조세를 바치는 것도 이로 말미암음이라 그들이 하나님의 일꾼이 되어 바로 이 일에 항상 힘쓰느니라 ⁷ 모든 자에게 줄 것을 주되 조세를 받을 자에게 조세를 바치고 관세를 받을 자에게 관세를 바치고 두려워할 자를 두려워하며 존경할 자를 존경하라.(롬 13:1~7)

위 로마서 13장 4절의 "칼을 가지지 아니하였으니"의 칼은 헬라어로서 μάχαιρα(마카이라)를 번역한 것인데, 이는 로마의 단검(短劍)을 가리키는 말로 사도행전 12장 2절과 같이 사람을 사형시킬 때 주로 사용을 했던 것이다.

¹² 요한의 형제 야고보를 **칼**로 죽이니.(행 12:2)

¹² ἀνεῖλεν Ἰάκωβον τὸν ἀδελφὸν Ἰωάννου **μαχαίρῃ**.

그렇지만 본문의 칼이 구체적으로 사형을 집행할 수 있는 권세만을 표현하기 보다는 형벌을 부과하고 집행할 수 있는 총체적인 힘을 상징하는 것으로 보아야만, 악을 억제하고 선을 장려하기 위한 수단인 국가의 역할을 제대로 파악할 수 있는 것이라고 할 것이다. 결국 이 칼은 하나님으로부터 부여 받은 합법적인 권세이며 목적없이 임의대로 사용될 수 있는 것이 아니라 악을 행하는 자를 징벌한다는 분명한 목적을 가지고 있는 것이다.

그리고 권세를 "하나님의 사역자"라고 표현하고 있는데, 이는 창세기 9장의 홍수 후 노아 언약과 그 목적이 일치되는 것이라고 할 것이다. 비록 인간의 전적인 타락으로 말미암아 권력 그 자체가 선을 추구하는 성향을 가지기는 어렵지만, 악을 제거하고 질서를 유지하는 수단으로서는 가능한 역할을 하도록 하나님은 섭리하고 계신다. 그래서 사도 바울은 곧 "하나님의 사역자가 되어 악을 행하는 자에게 진노하심을 따라 보응하는 자니라"고 기록하고 있는 것이다. 사도 베드로도 바울과 같이 국가에 대한 권세를 인정하고 있으며, 국가의 기능은 악행하는 자를 징벌하기 위함이 포함되어 있다는 것을 기록하고 있다.

> [13] 인간의 모든 제도를 주를 위하여 순종하되 혹은 위에 있는 왕이나 [14] 혹은 **그가 악행하는 자를 징벌하고 선행하는 자를 포상하기 위하여 보낸 총독에게 하라** [15] 곧 선행으로 어리석은 사람들의 무식한 말을 막으시는 것이라 [16] 너희는 자유가 있으나 그 자유로 악을 가리는 데 쓰지 말고 오직 하나님의 종과 같이 하라 [17] 뭇 사람을 공경하며 형제를 사랑하며 **하나님을 두려워하며 왕을 존대하**라.(벧전 2:13~17)

즉 홍수 후 노아 언약은 일반은혜로서 이스라엘 백성을 향한 특별은혜와는 구별된다는 점, 예수께서 가이사의 통치와 하나님의 통치를 구분하면서 당시의 로마 정부체제를 부인하지 아니하셨다는 점, 사도 바울이나 베드로 역시 권세를 존중하라는 점을 종합하여 보면 **교회와**

국가는 구별되는 것이 성경의 가르침으로서 구약 성경에서 기록된 것과 같이 종교적인 문제를 이유로 일반 시민 국가에서 사형을 강제하도록 하는 것은 타당하지 않다고 할 것이다.

그런데 최근 한국 교회의 일각에서는 카이퍼의 영역주권이론을 바탕으로 교회가 국가의 활동에 적극적으로 개입하려고 하는 움직임이 나타나고 있다. 나아가 이단들에 대한 대책으로서 유사종교피해대책범국민연대는 2022년 7월 22일에 한국프레스 센터에서 기자회견을 열고 반사회적인 사이비 종교를 법적으로 규제하고 처벌해야 한다고 촉구하기도 했다.[56] 비록 본 논문의 요지와는 약간의 거리가 있지만 이러한 움직임이 더 과도화 되면 종교가 국가의 정치 영역에 깊숙이 영향력을 발휘하고, 이러한 영향력을 바탕으로 사이비 종교에 대한 엄격한 규제를 요구하면서 과도한 형벌을 제정하자는 움직임의 가능성을 염두에 두고 이에 대한 의견을 피력하고자 한다.

먼저 한국에서 소개되고 있는 아브라함 카이퍼의 영역주권(*Soubereiniteit in eigen kring*)의 이론은 1880년 10월 20일 암스테르담 자유대학교 개교 연설문의 내용 중의 일부이다. 당시의 시대적인 상황을 보면 과학의 발달로 인하여 인간 이성에 대하여 지나친 낙관적인 풍조가 신학과 모든 사회적인 영역에 침투함으로써 기독교 신학

---

56) 박민균, "가정파괴 넘어 중범죄 저지르는 이단사이비, 처벌법 제정해야", 기독신문, 2022년 7월 26일, https://www.kidok.com/news/articleView.html?idxno=216280. [2024. 1. 2.접속]

에서도 자유주의의 광풍이 몰아치고 있었던 시기였다. 이러한 시대에 아브라함 카이퍼는 비록 국가라도 자유대학교 내에서의 교수과목이나 내용 등에 대하여는 간섭할 수 없음을 강조하기 위하여 위 연설문을 작성하였다.

위 연설문에 등장하는 **영역주권** 개념에서 "영역"은 일차적으로 하나님의 다양한 창조세계로서 국가, 교회, 문화, 학문, 예술 등의 일상적 사회생활의 범주와 동시에 다른 세계관을 가진 사람들을 의미하기도 한다. 카이퍼는 국가의 정당한 주권을 인정하는 동시에 국가의 주권이 침해하지 못하며 침해해서도 안되는 각각의 삶의 영역 주권 역시 인정한다. 인간 삶의 다양한 영역은 각각 고유한 주권을 가지고 있으나, 하나의 영역이 다른 인접한 영역을 침해하는 위험을 발생시킴으로, 국가는 특별한 권위를 가지고 다양한 영역들이 공의(公義)의 경계선 안에 머물도록 조정하는 역할을 해야 한다. 동시에 국가는 각각의 영역 안에서 집단에 의해 개인이 피해를 받지 않도록 보호하는 역할도 해야 한다. 이처럼 국가가 가진 권세는 명령권과 강제력을 갖는 탁월한 권세임에도 불구하고, 각각의 영역 안에서는 적용되지 않는다. 왜냐하면 각각의 영역이 갖는 주권은 국가와 상관없이 오직 하나님께로부터 주어진 권위이며, 다만 국가는 이 권위를 승인할 뿐이기 때문이다.

다만, 카이퍼는 국가의 절대 권위와 국민의 절대주권에 대항해 "사회의 모든 주권은 궁극적으로 창조주의 절대 의지에 기초한다"

고 확신하면서 그리스도인의 적극적인 공적인 삶에의 참여를 강조하였다. 카이퍼의 연설문의 내용 중 일부를 인용하여 보면 아래와 같다.

> 이 때 강력한 하나의 유대 안에서 초월적 능력으로 믿음의 능력으로 자유로운 고유 영역과 이 영역 속에 자유로운 주권을 다시 창조한 분은 나사렛 예수였습니다. 하나님과 한 마음이며, 하나님과 하나이며, 스스로 하나님이셨던 그는 황제(Caesar)에게 저항했으며, 쇠로 된 문들을 깨뜨렸고, 모든 영역주권이 기초하는 가장 심오한 축으로서 신앙의 주권을 놓았습니다. "다 이루었다"라는 자신의 말 속에서 택자들의 구원 외에, 또한 세상의 구원, 세상의 해방, 자유의 세계가 포함되었다는 것을 바리새인도 제자도 이해하지 못했습니다. 하지만 예수는 그것을 간파했습니다. 그런 연유로 그의 십자가 위에 왕이란 글이 써졌습니다. **그는 주권자로서 등장했습니다. 세상의 주권자로서 그는 이 세상에 대한 수위권을 위해 강제로 침입한 "세상의 임금"과 싸웠습니다.** 그의 제자들은 고유한 영역을 거의 형성하지 못했고, 그들은 또한 국가의 주권과 충돌하게 되었습니다. 그들은 굴복했습니다. 그들은 피를 흘렸습니다. 하지만 **예수의 주권적 믿음의 원리는 그들의 피와 함께 휩쓸려 사라지지 않았습니다.**[57]

위 카이퍼의 연설문을 번역하여 "아브라함 카이퍼의 영역주권"이라는 책을 번역하고 해설한 박태현은 머리말에서 다음과 같이 저술하고 있다.

---

57) 아브라함 카이퍼, 아브라함 카이퍼의 영역주권. 박태현 역(군포: 다함, 2021). 37~38.

1970~80년대 한국교회는 국가의 눈부신 경제성장과 더불어 국민들의 정신적 지주 역할을 하며 역사상 유례가 없는 부흥과 성장을 거듭했지만, 불과 한 세대 만에 한국 교회에 대한 사회적 신뢰도는 만회할 수 없을 정도로 땅에 떨어지고 말았습니다. 어떤 이는 물질만능주의, 배금주의로 일컬어지는 세속주의가 교회 안으로 슬그머니 들어와 교회를 지배했기에 오늘의 참담한 지경에 이르렀다고 분석하지만 **필자는 교회가 그리스도의 복음의 공공성을 외면한 채 복음을 단지 개인적 구원에만 한정하는 구원의 사사(私事)화에 빠졌기 때문이라고 생각**합니다. 그리스도의 복음은 하나님의 창조세계 전체에 영향을 미치는 하나님의 말씀이며, 특히 그리스도인들의 삶의 영역 전체, 즉 정치, 경제, 사회, 문화, 예술 등 사회생활 전반을 인도하는 신행(信行)의 유일한 법칙이라고 확신합니다.[58]

그리고 위 박태현은 위 책의 해설 부분에서 리처드 마우(Mouw)의 고백을 다음과 같이 인용하고 있다.

카이퍼의 확고한 칼빈주의에서 나는 내가 찾아 헤매던 것을 발견했다. **그것은 공적인 삶에 적극적으로 참여하는 전망**이었다. 그 전망은 사적인 것이 되어버린 복음주의, 그리고 자유주의 개신교나 카톨릭에서 공적인 제자도에 접근하는 방식들의 사이로, 나로 하여금 나의 길을 나아갈 수 있게 해주는 것이었다. 이 전망을 찾은 이후로 나는 이 길을 계속해서 걸어가려고 애썼다.[59]

---

58) 카이퍼, 위의 책, 14~15.
59) 카이퍼, 위의 책, 127.

위와 같은 영역주권 이론의 주장은 하나님의 절대적 주권자로서의 이 세상을 통치하심을 잘 드러내 주고 있는 것으로서 칼뱅의 개혁주의 사상의 핵심을 잘 대변해 주는 것이라고 할 것이다. 다만 기독교인이 교회가 아닌 다른 정치, 문화, 사회 등의 영역에서 어떠한 방식으로 하나님의 통치권을 확립해야 할 것인가에 대하여는 우리는 마태복음 5장 13절 내지 16절, 요한복음 18장 36절을 주목해야 할 것이다.

> [13] 너희는 **세상의 소금**이니 소금이 만일 그 맛을 잃으면 무엇으로 짜게 하리요 후에는 아무 쓸 데 없어 다만 밖에 버려져 사람에게 밟힐 뿐이니라 [14] 너희는 **세상의 빛**이라 산 위에 있는 동네가 숨겨지지 못할 것이요 [15] 사람이 등불을 켜서 말 아래에 두지 아니하고 등경 위에 두나니 이러므로 집 안 모든 사람에게 비치느니라 [16] 이같이 너희 빛이 사람 앞에 비치게 하여 그들로 너희 착한 행실을 보고 하늘에 계신 **너희 아버지께 영광**을 돌리게 하라. (마 5:13~16)

> [36] 예수께서 대답하시되 내 나라는 이 세상에 속한 것이 아니니라 **만일 내 나라가 이 세상에 속한 것이었더라면 내 종들이 싸워 나로 유대인들에게 넘겨지지 않게 하였으리라** 이제 내 나라는 여기에 속한 것이 아니니라.(요 18:36)

즉, 한국 교회가 부흥의 한 세대를 겨우 넘기는 시점에서 사회나 국가에서의 선한 영향력을 잃은 것이 복음의 사사(私事)화의 영향도 있겠지만, 더 큰 문제는 그리스도인들 및 교회가 세상의 빛과 소금이 되지 못하였기 때문일 것이다. 만일 그리스도인들의 삶이 세상에 사랑을 전하는 빛과 세상의 부패를 막는 소금의 역할을 하였다면 이단이 발호 하지도 못하였을 것이고, 정치인들이 교회에 기웃거리면서 교회를 이용하여 정치세력화 하지도 아니하였을 것이고, 교회의 목회자들이 세상의 권세를 이용하기 위하여 정치에 기웃거리지도 아니하였을 것이다. 이러한 점에서 교회와 국가는 구별되어야 하는 것은 맞지만, 교회는 예수 그리스도의 사랑을 매개로 국가에 침투함으로써 하나님의 통치권을 이 땅에서 더욱 넓혀 나가야 할 것이다.

나아가 일반은혜의 수단으로 인간에게 허락된 형벌권을 특정 종교와 반대된다는 이유로 또는 특정 종교의 영역을 확장시키기 위하여 그 형벌권을 넓히고자 주장하는 것은, 특별 은혜 아래에 있다고 믿는 사람들이 그들의 빛과 소금으로서의 역할을 제대로 하지 못한 잘못을 일반은혜의 수단으로 주어진 국가를 이용하려는 것으로서 그 정당성을 확보하기는 어렵다.

소결론

이상에서 살펴본 바와 같이 인간은 피조물로서 모든 권위는 창조주이신 하나님으로부터 부여를 받아야만 정당화되는 것이다. 아담과 그 후손은 행위언약 아래에 있었지만 불순종함으로써 사망의 심판 아래에 있었다. 하나님은 홍수 심판 이전까지는 이러한 사망의 전(全) 지구적인 심판을 유예하였지만, 그 죄악이 가득함을 보시고서는 홍수 심판을 통하여 그 사망의 심판권을 직접적으로 행사하였다. 그러나 하나님은 홍수 후 노아 언약을 통하여 물로 인하여 전 지구적인 심판을 하지 아니하실 것을 무지개를 징표로 하여 이를 선포하셨다.

그런데 인간은 전적인 타락으로 말미암아 어려서부터 그 계획하는 바가 항상 악하기 때문에 그에 대한 악을 억제할 수단이 필요하였던 것이다. 하나님은 이제 인간의 각자 행위에 따라서 발생한 악에 대하여 이를 억제할 수 있는 생명에 대한 심판의 권한을 인간에게 부여하셨던 것이다. 그리고 이러한 심판권을 부여하신 섭리의 본질을 고려하여 보면, 살인죄 이외의 다른 범죄에도 사형제를 규정할 수 있음은 하나님이 택한 민족이었던 이스라엘에게 주셨던 율법을 통해서도 알 수 있다. 즉 인간이 땅에 충만할 수 있도록 함과 동시에 인간의 죄악이 가득하지 않도록 하기 위하여 필요한 범위 내에서 사형제도를 국가가 운영한다고 하더라도 언약신학의 입장에서 성경에 합치되지 않는다고 볼 것은 아니라고 할 것이다. 다만 종교적인 이유로 국가가 사형제도를 시행하는 것은 홍수 후 노아 언약의 일반은혜의 성격임을 고려하여 보면 허용되어서는 안된다고 할 것이다.

구체적인 사형의 심판권 행사의 예

이상에서 논증한 바와 같이 하나님은 살인죄의 경우와 같은 중대한 범죄들에 대하여는 그 집행권한을 인간에게 부여하셨는데, 구체적으로 그 수단 및 실행의 방법에 대해서는 그 위임을 받은 인간이 하나님의 일반 은혜 아래에 주어진 이성의 빛 가운데에서 구체화를 해야 한다. 그리고 인류의 역사는 이를 상당 정도로 성경에 합치되는 방향으로 구현하여 왔다. 특히 이러한 과정에서 특별히 구약 성경에서의 사형이 집행되는 절차 등을 살펴보고, 하나님의 통치권 아래에 있는 국가들 역시 이러한 취지를 잘 고려하여 더욱 성경합치적으로 운용이 되도록 해야 한다.

구약 이스라엘의 사형제도

신명기 19장 11절 내지 12절을 보면 이스라엘 사회에서 죄를 범한 자에 대하여 사형에 대한 판결을 선고하고 그 범죄한 자에 대한 집행을 보복(報復)자의 손에 넘겨줄 수 있는 **장로집단**이 있었다는 것을 알 수 있다.

> [11] 그러나 만일 어떤 사람이 그의 이웃을 미워하여 엎드려 그를 기다리다가 일어나 상처를 입혀 죽게 하고 이 한 성읍으로 도피하면 [12] 그 본 **성읍 장로들**이 사람을 보내어 그를 거기서 잡아다가 보복자의 손에 넘겨 죽이게 할 것이라.(신 19:11~12)
>
> [12] וְשָׁלְחוּ זִקְנֵי עִירוֹ וְלָקְחוּ אֹתוֹ מִשָּׁם וְנָתְנוּ אֹתוֹ בְּיַד גֹּאֵל הַדָּם וָמֵת:

그리고 신명기 21장 18절 내지 21절, 22장 13절 내지 21절의 기록을 보면 역시 성읍 장로가 죽일 죄인 것을 선포하면 그 성읍의 모든 사람들이 이를 죽여야 되는 부분도 발견된다.

18 사람에게 완악하고 패역한 아들이 있어 그의 아버지의 말이나 그 어머니의 말을 순종하지 아니하고 부모가 징계하여도 순종하지 아니하거든 19 그의 부모가 그를 끌고 성문에 이르러 그 **성읍 장로들**에게 나아가서 20 그 성읍 장로들에게 말하기를 우리의 이 자식은 완악하고 패역하여 우리 말을 듣지 아니하고 방탕하며 술에 잠긴 자라 하면 21 그 **성읍의 모든 사람들**이 그를 돌로 쳐죽일지니 이같이 네가 너희 중에서 악을 제하라 그리하면 온 이스라엘이 듣고 두려워하리라.(신 21:18~21)

13 누구든지 아내를 맞이하여 그에게 들어간 후에 그를 미워하여 14 비방거리를 만들어 그에게 누명을 씌워 이르되 내가 이 여자를 맞이하였더니 그와 동침할 때에 그가 처녀임을 보지 못하였노라 하면 15 그 처녀의 부모가 그 처녀의 처녀인 표를 얻어가지고 그 **성문 장로들**에게로 가서 16 처녀의 아버지가 장로들에게 말하기를 내 딸을 이 사람에게 아내로 주었더니 그가 미워하여 17 비방거리를 만들어 말하기를 내가 네 딸에게서 처녀임을 보지 못하였노라 하나 보라 내 딸의 처녀의 표적이 이것이라 하고 그 부모가 그 자리옷을 그 성읍 장로들 앞에 펼 것이요 18 그 **성읍 장로들**은 그 사람을 잡아 때리고 19 이스라엘 처녀에게 누명을 씌움으로 말미암아 그에게서 은 일백 세겔을 벌금으로 받아 여자의 아버지에게 주고 그 여자는 그 남자가 평생에 버릴 수 없는 아내가 되게 하려니와 20 그 일이 참되어 그 처녀에게 처녀의 표적이 없거든 21 그 처녀를 그의 아버지 집 문에서 끌어내고 그 **성읍 사람들**이 **그를 돌로 쳐죽일지니** 이는 그가 그의 아버지 집에서 창기의 행동을 하여 이스라엘 중에서 악을 행하였음이라 너는 이와 같이 하여 너희 가운데서 악을 제할지니라.(신 22:13~21)

그럼에도 불구하고 하나님은 인간의 전적인 타락으로 인한 보복자의 복수심에 의하여 심판이 남용되지 않도록 하기 위하여 살인한 자들은 반드시 **증인들**의 말을 따라서 죽이지만 **한 증인의 증거만으로 는 죽이지 못하도록 하고 있다.**

> [29] 이는 너희의 대대로 거주하는 곳에서 판결하는 규례라 [30] 사람 을 죽인 모든 자 곧 살인한 자는 증인들의 말을 따라서 죽일 것이 나 **한 증인의 증거만 따라서 죽이지 말 것**이요 [31] 고의로 살인죄 를 범한 살인자는 생명의 속전을 받지 말고 반드시 죽일 것이며. (민 35:29~31)

나아가 하나님은 민수기 35장 9절 내지 15절에서 도피성(逃避性) 에 관한 규례를 세우셨다. 이는 부지(不知)중에 사람을 죽음에 이르 게 한 자의 경우에도 보복자들의 악한 보복의 감정으로 인하여 그 생 명을 함부로 취할 수 없도록 하기 위함이었다.

> [9] 여호와께서 또 모세에게 말씀하여 이르시되 [10] 이스라엘 자손에 게 말하여 그들에게 이르라 너희가 요단 강을 건너 가나안 땅에 들어가거든 [11] 너희를 위하여 성읍을 도피성으로 정하여 **부지중에 살인한 자가 그리로 피하게 하라** [12] 이는 너희가 복수할 자에게서 도피하는 성을 삼아 살인자가 회중 앞에 서서 판결을 받기까지 죽 지 않게 하기 위함이니라 [13] 너희가 줄 성읍 중에 여섯을 도피성이 되게 하되 [14] 세 성읍은 요단 이쪽에 두고 세 성읍은 가나안 땅에 두어 도피성이 되게 하라 [15] 이 여섯 성읍은 이스라엘 자손과 타국 인과 이스라엘 중에 거류하는 자의 **도피성이 되리니 부지중에 살 인한 모든 자가 그리로 도피할 수 있으리라.**(민 35:9~15)

이상의 구약 성경에 기록된 사형제도를 보면 먼저 고의 범죄와 부주의로 인한 범죄를 구분하였다는 것이다. 그리고 사형은 고의 범죄에 한정하도록 함으로써 그 비난(심판)의 중대성이 고려되었다는 것을 발견할 수 있다. 위와 같은 연장선 위에서 부주의로 인한 범죄의 경우에는 보복(報復)자의 손에 넘기지 않는데, 이는 사형에 대한 심판은 결코 보복의 감정에 의한 것이 아니라 하나님의 심판의 목적에 따라서 이루어져야 함을 또한 잘 보여주는 것이라고 할 것이다. 그리고 사형제도를 인간에게 맡겨 두었지만 보복자 개인에게 맡겨질 경우에의 보복감정으로 올바른 판단을 할 수 없는 것을 고려하여 사형에 처해야 되는 죄인지 여부를 판단하는 사람을 별도로 두었다는 것이다. 그리고 이러한 판단이 자의적(恣意的)으로 되지 않도록 적어도 증인 2명 이상의 증언이 있어야 하고, 증언의 신빙성을 높이기 위하여 증인이 허위로 증언하였을 경우에는 그 꾀한 범죄로 죽일 수 있도록 율법까지 둠으로써 신중하게 절차적으로 운영이 되었다.

함무라비 법전을 통하여 본 고대 바벨로니아 제국의 사형제도

함무라비 법전은 기원전 1754년 메소포타미아 지역의 고대 바벨로니아 제국의 법으로 현재까지 잘 보전된 상태로 전해져 오고 있다. 이는 1901년 자크 드 모르강 (Jacques de Morgan)이 고대 근동 도시 수사(Susa)에서 함무라비 법전 전체의 내용이 조각된 석주를 발견하면서부터 알려지게 되었다.[60]

---

60) 윤일구, 고대법의 기원 함무라비 법전 (서울: 리걸플러스, 2015), 27.

그리고 함무라비 법전의 제정자인 함무라비 대왕은 강력한 군주제를 지향하였기 때문에 법을 제정할 수 있는 권한, 법을 집행하는 권한 그리고 재판을 담당하는 권한을 모두 보유하고 있었다. 당시 함무라비 법전의 재판절차를 보면 다음과 같다.

> 함무라비 법전에서 나타나는 재판절차를 보면 ①고소, ②당사자 출석, ③심리 및 증거조사, ④판결, ⑤청원, ⑥판결의 집행으로 이루어진다. 여기서 현대의 재판절차와 유사점 및 차이점을 발견할 수 있다. 먼저 유사점으로는 당시 증거재판의 원칙이 적용되었다는 점이다. 법관들은 당사자들이 제시하는 점토판 문서나 증인 출석을 통해 심리를 했다는 것을 알 수 있다. 또한 판결은 단독이 아닌 합의부에서 3~6명의 법관에 의해 이루어졌으며, 이러한 판결문을 당사자에게 송달했다는 것도 함무라비 법전의 내용을 통해 알 수 있다. 하지만 차이점으로는 심급제도가 마련되지 않았던 것으로 보인다. 따라서 1회의 재판에 의해 기판력이 발생하는데, 이를 보완하기 위하여 군주에게 청원할 수 있는 제도를 마련하고 있었다. 그리고 기판력이 생기더라도 패소자가 이행하지 않는 경우 강제집행은 공력집행이 아닌 사력집행으로 이루어졌다는 차이점이 있다.[61]

한편 본 논문의 주제와 관련된 형벌제도를 보면 함무라비 법전은 사형에서부터 채찍형까지 다양하게 규정되어 있었다는 것이다.

> 먼저 탈리오의 원칙에 따라 ①동해보복이 여러 곳에 규정되어 있다. ②생명형으로서 사형이 규정되어 있는데, 일반적인 사형집행

---

61) 윤일구, 위의 책, 32~33.

의 방법은 규정되어 있지 않다. 그렇지만 사형집행의 방법으로서 화형, 익살형[62], 척살형[63] 등이 나타난다. 특히 척살형 같은 경우에는 당시 유혈에 대한 금기 때문에 특정한 범죄에 대해서만 인정되었다. 다음으로 부족, 사회, 국가라는 공동체로부터 법에 대한 보호의 거부를 의미하는 ③추방형이 있었다. 그리고 함무라비법의 특징 중 하나인 반영형 또는 상징형으로서 ④신체절단형이 있는데, 예를 들어 함무라비법 제195조는 "만약 자식이 그의 부모를 폭행한다면, 그의 손은 잘려질 것이다"고 규정한다. 또한 재산형으로서 속죄금을 지급해야 하는 ⑤벌금형이 있었으며, 자신보다 신분이 높은 자를 폭행한 경우에 대한 처벌로서 ⑥채찍형이 규정되어 있었다.[64]

그리고 함무라비 법전에서 특이한 점은 일반적인 살인죄에 관한 규정이 없다는 것이다. 이러한 함무라비 법전의 태도는 당시 타인을 살해한 자는 당연히 자신의 생명을 유지할 수 없었으므로 이에 대한 별도의 규정을 둘 필요가 없었기 때문이다. 당시 대표적인 사형을 규정한 조문의 예를 들면 함무라비법 제153조는 "만약 유부녀가 다른 남자 때문에 그들의 배우자를 살해하였다면, 그들 모두는 척살형에 처해질 것이다"라는 규정을 들 수 있다.[65]

---

62) 익살(溺殺)형은 사람을 물에 빠뜨려서 죽이는 것을 말한다.
63) 척살(擲殺)형은 상대를 들어다 절벽이나 바다 등으로 던져서 그 충격으로 죽이는 것을 말한다.
64) 윤일구, 위의 책, 41~42.
65) 윤일구, 위의 책, 42.

고대 근동의 바벨로니아 제국에서 운영이 되었던 사형제도를 보더라도 그 형벌이 사형에서부터 채찍형까지 다양하게 운영이 되어서 그 범죄의 중대성의 정도에 따라서 운영이 되었던 점, 그리고 이러한 범죄를 판단하는 재판기관이 존재하였던 점, 심리는 점토판 문서나 증인 출석을 통하여 이루어졌다는 점을 종합하여 보면 구약성경에서 기록된 이스라엘에서 시행된 제도와 대동소이(大同小異)한 점을 가지고 있다는 것을 알 수 있다.

로마의 법제사 및 신약성경을 통하여 본 로마의 사형제도

한편 신약성경의 배경이 되는 로마 시대의 형사소추에 대하여 이재상 박사는 아래와 같이 요약하고 있다.

> 로마에서는 공화정시대에 들어와 기원전 6세기경부터 민회(民會)를 재판기관으로 하여 관리에 의한 유죄판결에 대하여 민회에의 불복이 인정되었으며, 공화정 말기에는 배심법원에 의한 공중 소추가 인정되고 있었다. 그러나 제정(帝政)기에 이르러 민회(民會)에 의한 재판은 자취를 감추게 되고, 2세기 이후 형사재판권은 황제의 전권(專權)이 되었다. 절차는 직권에 의하여 개시되는 절차와 소추에 의하여 개시되는 절차가 병행되었으나, 직권에 의한 절차에서는 고문이 사용되어 중세 이후의 규문주의(糾問主義) 형사절차에 영향을 미치게 되었다.[66]

---

66) 이재상, 형사소송법(서울: 박영사, 2012), 11.

또한 신약성경에서 사도 바울이 심판 받는 것을 보면 변호사 제도가 이미 도입이 되어 있었고(행 24:1), 판결을 하기 전에 신문하고 증언하며 피고인 역시 변론할 수 있는 방어권이 보장되어 있었고(행 24:8~9;25:16), 심지어 판결이 확정되지 아니한 미결구금(未決拘禁)이 된 피고인에게는 보석도 허용이 되었고(행 24:22~23), 증거재판 제도가 이루어지고 있었고(행 25:6~7), 황제에 대한 상소권까지 보장(행 25:25)이 되어 있었다는 것을 알 수 있다.

> [1] 닷새 후에 대제사장 아나니아가 어떤 장로들과 한 **변호사** 더둘로와 함께 내려와서 총독 앞에서 바울을 고발하니라.(행 24:1)

> [8] 당신이 친히 그를 **심문**하시면 우리가 고발하는 이 모든 일을 아실 수 있나이다 하니 [9] **유대인들도 이에 참가하여 이 말이 옳다 주장**하니라 [10] 총독이 **바울에게 머리로 표시하여 말하라** 하니 그가 대답하되 당신이 여러 해 전부터 이 민족의 재판장 된 것을 내가 알고 내 사건에 대하여 기꺼이 변명하나이다.(행 24:8~9)

> [22] 벨릭스가 이 도에 관한 것을 더 자세히 아는 고로 연기하여 이르되 천부장 루시아가 내려오거든 너희 일을 처결하리라 하고 [23] 백부장에게 명하여 바울을 지키되 **자유를 주고 그의 친구들이 그를 돌보아 주는 것을 금하지 말라** 하니라.(행 24:22~23)

> [6] 베스도가 그들 가운데서 팔 일 혹은 십 일을 지낸 후 가이사랴로 내려가서 이튿날 **재판 자리**에 앉고 바울을 데려오라 명하니 [7] 그가 나오매 예루살렘에서 내려온 유대인들이 둘러서서 여러 가지 중대한 사건으로 고발하되 능히 **증거**를 대지 못한지라.(행 25:6~7)

¹⁶ 내가 대답하되 무릇 **피고가 원고들 앞에서 고소 사건에 대하여 변명할 기회가 있기 전에 내주는 것은 로마 사람의 법이 아니라** 하였노라.(행 25:16)

²⁵ 내가 살피건대 **죽일 죄를 범한 일이 없더이다** 그러나 그가 황제에게 **상소**한 고로 보내기로 결정하였나이다.(행 25:25)

이상에서 살펴본 바와 같이 로마시대의 사법제도는 고대 근동의 함무라비 법전, 구약 성경에 나타난 율례를 더욱 발전시켜서 오늘날 대부분의 민주국가 사법제도의 원형을 가지고 있다고 할 정도로 거의 완비가 되어 있었다.

소결론

이렇듯 하나님은 인간에 대한 전속적인 심판권에 속하는 생명을 취하는 사형에 대한 집행 권한을 인간에게 위임하셨지만, 하나님은 일반은혜의 수단으로서 주어진 국가와 인간에게 주어진 이성의 빛으로 이를 구체화 할 수 있도록 섭리하셨다. 그리하여 인간은 법률을 제정함에 있어서 범죄의 중대성에 따라서 그 처벌을 달리하였고, 이러한 처벌을 하는 과정에서는 소추기관과 재판기관을 분리하였으며, 증거에 의하여 재판이 이루어질 수 있도록 제도화 하였으며, 피고인이 재판을 받는 과정에서도 충분하게 방어할 수 있도록 신문과 진술을 할 수 있는 권리를 구상하였으며, 재판에 대하여 불복을 할 수 있는 상소의 권한까지 구체화 하였다는 사실은 역사를 통하여 발견이 된다고 할 것이다.

사형제도 찬성주장의 논거에 대한 언약신학적 입장에서의 비판적 고찰

이상의 논증에서 본 바와 같이 창세기 9장 6절의 노아 언약의 일반 은혜 아래에 있는 국가에 대해서 사형제도를 허용하는 것은 성경에 반하지는 않는다는 결론을 내렸다. 그런데 사형제도를 찬성하면서 주장하는 일부 성경의 논거가 올바로 자리매김하기 위해서는 아래와 같이 추가적인 검토가 더 필요하다.

아나니아와 삽비라 사건이 사형제도의 근거가 될 수 있는지 여부

사형제도가 신약시대에서도 정당하게 시행이 되었다고 주장하는 근거로 들고 있는 것 중에 하나가 사도행전 5장 1~11절의 아나니아와 삽비라 사건을 근거로 하는 견해가 있다.[67]

> [1] 아나니아라 하는 사람이 그의 아내 삽비라와 더불어 소유를 팔아 [2] 그 값에서 얼마를 감추매 그 아내도 알더라 얼마만 가져다가 사도들의 발 앞에 두니 [3] 베드로가 이르되 아나니아야 어찌하여 사탄이 네 마음에 가득하여 네가 성령을 속이고 땅 값 얼마를 감추었느냐 [4] 땅이 그대로 있을 때에는 네 땅이 아니며 판 후에도 네 마음대로 할 수가 없더냐 어찌하여 이 일을 네 마음에 두었느냐 사람에게 거짓말한 것이 아니요 하나님께로다 [5] 아나니아가 이 말을 듣고 엎드러져 혼이 떠나니 이 일을 듣는 사람이 다 크게 두려

---

67) 이광호. "사형제도에 관한 기독교 윤리적 고찰." 새한철학회 : 철학논총 제26집(2001) : 60.

워하더라 ⁶ 젊은 사람들이 일어나 시신을 싸서 메고 나가 장사하니라 ⁷ 세 시간쯤 지나 그의 아내가 그 일어난 일을 알지 못하고 들어오니 ⁸ 베드로가 이르되 그 땅 판 값이 이것뿐이냐 내게 말하라 하니 이르되 예 이것뿐이라 하더라 ⁹ 베드로가 이르되 너희가 어찌 함께 꾀하여 주의 영을 시험하려 하느냐 보라 네 남편을 장사하고 오는 사람들의 발이 문 앞에 이르렀으니 또 너를 메어 내가리라 하니 ¹⁰ 곧 그가 베드로의 발 앞에 엎드러져 혼이 떠나는지라 젊은 사람들이 들어와 죽은 것을 보고 메어다가 그의 남편 곁에 장사하니 ¹¹ 온 교회와 이 일을 듣는 사람들이 다 크게 두려워하니라.(행 5:1~11)

그러나 사도행전 5장 1절 내지 11절의 아나니아와 삽비라의 육체의 목숨을 거두어 간 것은 베드로가 아니라 초대 교회를 든든히 세우시기 위하여 하나님의 심판 하심으로 보아야 한다. 왜냐하면 요한복음 18장 31절의 말씀과 같이 당시 로마 시대에서는 피정복민이었던 유대인들은 사람을 죽이는 권한을 가지고 있지 않았기 때문에, 이러한 아나니아와 삽비라 사건을 기록한 성경을 근거로 국가의 영역에서 시행하는 사형제도의 성경적인 합치성을 판단할 수 있는 문제는 아니라고 할 것이다.

³¹ 빌라도가 이르되 너희가 그를 데려다가 너희 법대로 재판하라 **유대인들이 이르되 우리에게는 사람을 죽이는 권한이 없나이다** 하니.(요 18:31)

사도 바울은 고린도전서 5장 1절 내지 5절에서 고린도 교회의 성도가 그 아버지의 아내를 취한 음행을 듣고서는 레위기 18장 8절에

서 규정한 사형을 시행하지 아니하고 사탄에게 내어 줌으로서 그쳤다는 것은 바로 이러한 필자의 주장을 뒷받침하는 강력한 근거라고 할 것이다.

> ¹¹ 누구든지 **그의 아버지의 아내와 동침하는 자는** 그의 아버지의 하체를 범하였은즉 **둘 다 반드시 죽일지니** 그들의 피가 자기들에게로 돌아가리라.(레 20:11)

> ¹ 너희 중에 심지어 음행이 있다 함을 들으니 그런 음행은 이방인 중에서도 없는 것이라 **누가 그 아버지의 아내를 취하였다** 하는도다 ² 그리하고도 너희가 오히려 교만하여져서 어찌하여 통한히 여기지 아니하고 그 일 행한 자를 너희 중에서 쫓아내지 아니하였느냐 ³ 내가 실로 몸으로는 떠나 있으나 영으로는 함께 있어서 거기 있는 것 같이 이런 일 행한 자를 이미 판단하였노라 ⁴ 주 예수의 이름으로 너희가 내 영과 함께 모여서 우리 주 예수의 능력으로 ⁵ **이런 자를 사탄에게 내주었으니** 이는 육신은 멸하고 영은 주 예수의 날에 구원을 받게 하려 함이라.(고전 5:1~5)

위 고린도전서 5장 5절의 "사탄에게 내주었으니"라는 표현의 의미를 명확히 하기 위하여 고린도전서 5장 13절의 "밖에 있는 사람들은 하나님이 심판하시려니와 이 악한 사람은 너희 중에서 내쫓으라"라는 표현을 보면 출교의 조치를 취하는 것이지 이를 사형제도를 용인하는 것이라고는 할 수 없다고 할 것이다. 칼뱅 역시 다음과 같이 주장하고 있다.

이러한 표현은 디모데전서 1장 20절의 "그 가운데 후메내오와 알렉산더가 있으니 내가 사탄에게 내준 것은 그들로 훈계를 받아 신성을 모독하지 못하게 하려 함이라"는 말씀에도 나타나는데 **그들의 출교는 일차적으로 그들의 죄악을 심판하는 것이지만 그것은 또한 다른 성도들을 보호한다는 의미를 가진다.** 고린도 교회의 순결한 영혼들을 훼방하지 못하도록 교회로부터 분리하는 것은 당연한 일인지도 모른다. 한편 우리는 본 절에서 중요한 하나의 원리를 발견하는데 그것은 **초대교회 성도들이 교회는 그리스도의 다스림과 보호하심 아래 머물러 있는 반면 교회 밖은 그리스도의 지배하심에서 떠난 사단의 영역이라고 생각하였다는 것이다(Calvin).** 따라서 출교는 사단에게 내어주는 멸망의 극단적인 조치로서 그들에게 있어서는 제일 큰 벌이었다고 할 수 있다.[68]

하나님의 사랑과 공의의 양면성을 근거로 하는 주장에 대한 검토

하나님의 사랑과 공의(公義)의 양면성을 근거로 사형제도의 정당성을 주장하는 견해는 범죄인의 생명권만큼이나 피해자의 생명권도 존중되어야 하고, 하나님의 공의의 차원에서 죄 지은 사람은 처벌하고 무고한 사람은 풀어주는 것은 당연하다고 주장하면서 합법적인 사형은 도덕적 의미에서 살인이 아니라고 한다.

그러나 위 견해는 결과론적으로는 하나님의 공의의 시행을 인간에게 위임 하였다는 측면에서는 타당하지만, 교회와 국가라는 제도의 본질을 제대로 이해 하지 못한 견해라고 할 것이다. 물론 하나님은 본질적으로 사랑이시지만(요일 4:8), 교회를 향한 사랑과 국가를

---

68) 강병도 편, NEW 호크마 주석 신약, 2126.

향한 일반은혜의 측면에서의 사랑은 전술(前述)한 바와 같이 구별되는 것이라고 할 것이다. 하나님은 오히려 일반은혜의 수단으로 주어진 국가로 하여금 공의의 수단으로 사용하고 있다는 것을 강조함으로써, 하나님의 두 가지 속성인 공의와 사랑이 모순됨이 없이 잘 설명이 되는 것이다.

소결론

이상에서 주장한 바와 같이 아나니아와 삽비라 사건을 신약성경에서도 사형제도가 허용이 되었다는 증거로 삼는 것은 교회 영역의 문제를 국가로 끌어들이는 잘못을 범한 것이다. 그리고 하나님의 사랑과 공의의 속성을 가지고 공의의 측면에서 사형제도의 정당성을 주장하는 것은 이러한 사랑과 공의가 충돌할 경우에는 구체적인 해결점을 제시해 주지 못한다. 오히려 하나님은 전(全) 지구적인 심판을 스스로 자제하시고 일반은혜의 수단으로 주어진 국가로 하여금 악을 억제하는 공의의 기능을 수행하는 측면을 더 강조함으로써 이러한 문제를 모두 해결할 수 있다고 할 것이다.

본 장(章)을 맺으며

본 장에서 사형제도는 하나님의 인간에 대한 전(全) 지구적인 심판을 스스로 자제함으로써 인간에게 부여된 권한임을 언약신학의 관점에서 확인할 수 있었다. 즉, 우리 인간은 아담의 행위언약의 후손으로서 이미 사망과 저주의 심판 아래에 위치하고 있었는데, 하나님은 홍수 심판을 통하여 전(全) 지구적인 심판을 행사하셨다.

그러나 홍수 후 노아 언약을 통하여 다시는 물로서 심판하지 아니할 것을 약속하시면서 인간이 번성할 수 있도록 하시기 위하여 인간의 악을 제어할 수 있는 사형의 권한을 허용하셨던 것이다. 그래서 인간은 살인자를 처벌할 수 있는 권위를 하나님으로부터 부여를 받은 것이었다. 하나님은 이러한 인간이 하나님의 공의의 심판의 도구로서, 그 목적을 위하여 심판권이 적절히 행사가 될 수 있도록 일반은혜의 수단으로 주어진 국가로 하여금 사형에 처할 범죄를 규정하고, 그 범죄가 마땅히 사형에 처할 수 있는 범죄인지 여부를 판단할 수 있는 재판기관을 세우시고, 이러한 재판기관은 적정한 심판절차와 증거를 통하여 이를 선언하고 집행하도록 섭리하고 계셨음을 우리는 역사를 통하여 확인할 수 있었다. 그렇기 때문에 국가는 이러한 목적에 부합되도록 사형제도를 운영하여야만 하나님이 인간에게 부여하신 심판권을 적정하게 행사하는 것이다.

나아가 국가는 일반은혜의 혜택으로 주어졌기 때문에 종교적인 이유를 원인으로 사형제도를 제정하고 시행하는 것은 성경에 합치되지 않는다고 할 것이다. 그리고 아무리 사형제도가 성경적으로 허용이 된다고 하더라도 인간의 전적인 타락으로 인하여 하나님이 부여하신 목적을 언제든지 일탈하거나 남용할 우려가 있기 때문에 국가는 사

형제도를 시행함에 있어서 더욱 신중하여야 할 것이다. 아래 제4장
에서는 바로 사형제도를 어떻게 운영을 하여야만 성경적으로 합치될
수 있을 것인가에 대하여 주장하고자 한다.

· 제4장 ·

성경에 합치되는 사형제도가
운영되기 위한 최소한의 방안

도입말

필자는 전술한 바와 같이 사형제도가 성경적으로는 허용된다고 하더라도 인간의 전적인 타락성으로 인하여 이를 남용할 우려가 있기 때문에 본 장에서 제시하는 바와 같이 **사형제도는 하나님의 인간에 대한 공의의 심판의 차원에서만 머물러야 하고 필요 · 최소한의 범위에서 운영 되어야 함을 더욱 강조**한다.

이러한 취지에서 인간의 역사에 사형제도의 문제점을 주장하고 있는 근거들에 대하여 다시 한 번 경청해야 하는 측면에서 사형제도의 폐지를 주장하는 근거를 정리하여 보면 다음과 같다.

첫째, 국가가 혹은 인간이 인간에게 생명을 부여할 수 없는 데도 불구하고 인간을 심판해서 생명을 박탈하는 것은 **인도주의적 견지**에서 허용될 수 없다는 입장이다. 결국 사형은 인간의 존엄성을 훼손할 뿐이라고 본다. 둘째, **국가가 살인행위를 비난하면서 국가 자신이 사람의 생명을 박탈하는 것은 인위적인 생명박탈을 인정하는 결과**가 된다는 주장이다. 국가는 예외 없이 모든 사람의 생명을 보호할 의무가 있다. 셋째, 인간이 행하는 **재판의 오판 가능성**을 배제할 수 없다는 입장이다. 일단 사형이 집행되면 오판이 판명된다 해도 **회복이 전혀 불가능**하다. 넷째, 사형제도는 **정치적 반대 세력, 인종, 민족, 종교 및 소외 집단에 대한 탄압의 수단과 의문의 실종, 불법처형, 정치적 암살 등의 형태로 가해지는 경우**도 있다는 입장이다. 다섯째, 사형과 같은 중형의 판결이 **범죄 예방에 효과가 크지 않다**고 주장한다. **사형에 대한 위화력이 없음**은 사형폐지국가에서 흉악범죄가 증가하지 않았다는 사실이 증거하고 있다. 여섯째, **원시 사회에서 응보의 수단으로 생겨난 사형제도**는 어떤 합리적인 근거가 있어서가 아니라 단순히 역사적 잔재로 남아 있다고 보는 입장이다. 일곱째, 사형은 **법 관계자, 법 기관의 시간과 불필요한 에너지의 소비 및 자원의 낭비를 초래한다**는 입장이다. 여덟째, **국가는 범죄인들이 유용한 사회 일원으로 복귀할 수 있도록 교육시킬 의무**가 있는데도 불구하고 사형제도를 채택하고 있는 것은 국가 스스로 교육에 대한 의무를 포기한 것이다. 아홉째, 범죄원인은 사회 환경의 복합적인 원인에도 있는데 **범죄원인을 개인에게 돌리는 사형제도는 불합리**하며, 사회적 약자들에게 차별적으로 가해지는 경향으로 형평성의 문제가 있다. 열째, 전 세계의 **일반적 경향이 사형 폐지**로 나아가고 있다고 주장한다.[69]

언약신학적인 관점과 인본주의 관점의 분리

사형폐지론자들이 주장하는 인도주의적 견지의 입장에서 허용될 수 없다는 주장은 인본주의적(人本主義的)인 관점에서 바라본 가치관의 문제로서, 이상에서 언약신학적인 측면에서 사형제도가 하나님으로부터 부여 받은 권한이라는 점을 언급하면서 위와 같은 주장은 받아들일 수 없다는 것으로 정리하기로 한다. 그리고 국가가 살인행위를 비난하면서 국가 자신이 사람의 생명을 박탈하는 것은 국가의 생명을 보호할 의무가 있다는 것을 위반하는 것이라고 하는 주장도 동일한 취지로 정리하기로 한다.

---

69) 김종걸."사형제도에 대한 기독교적 이해." 복음과실천 제48집 (2011). 88~89.

사형과 같은 중형의 판결이 범죄예방에 효과가 크지 않다거나 사형폐지국가에서 흉악범죄가 증가하지 않고 있다는 주장에 대해서는 이러한 주장이 실증적으로 뒷받침되는가 하는 의문이 제기되고 있다. 웨인 그루뎀은 모칸(H. Naci Mocan)의 주장을 다음과 같이 인용하고 있다.

> 사형을 반대하는 연구자들조차도 이 억제효과를 인정해 왔다. 루이지애나 주립대학교에 재직 중인 경제학자이자 사형 집행이 한 번 시행될 때마다 다섯 명의 생명을 살린다는 것을 발견한 한 연구 논문의 저자인 모칸은 이렇게 말했다. "나는 개인적으로는 사형에 반대한다. 하지만 **내 연구는 사형이 억제 효과가 있음을 보여준다**".[70]

한편, 신명기 19장 15절 내지 20절에 보면 이러한 일반예방을 목적으로 하는 구절이 등장을 한다. 우리는 위 신명기 말씀을 통하여 인간의 마음을 창조하시고 그 중심을 아시는 하나님은 범죄에 대한 징벌이 인간으로 하여금 범죄를 억제하는 일반예방의 효과도 발휘한다는 것을 염두에 두고 계셨음을 확인할 수 있다.

> [15] 사람의 모든 악에 관하여 또한 모든 죄에 관하여는 한 증인으로만 정할 것이 아니요 두 증인의 입으로나 또는 세 증인의 입으로 그 사건을 확정할 것이며 [16] 만일 위증하는 자가 있어 어떤 사람이 악을 행하였다고 말하면 [17] 그 논쟁하는 쌍방이 같이 하나님 앞에 나아가 그 당시의 제사장과 재판장 앞에 설 것이요 [18] 재판장은 자

---

70) 그루뎀, 기독교윤리학(중), 218.

세히 조사하여 그 증인이 거짓 증거하여 그 형제를 거짓으로 모함한 것이 판명되면 [19] 그가 그의 형제에게 행하려고 꾀한 그대로 그에게 행하여 너희 중에서 악을 제하라 [20] 그리하면 **그 남은 자들이 듣고 두려워하여 다시는 그런 악을 너희 중에서 행하지 아니하리라.**(신 19:15~20)

이상에서는 사형폐지론자들이 주장하는 근거 중에서 언약신학의 관점에서 받아들이기 어려운 부분과 사형의 일반예방효과에 대해서 성경적으로 검토하였다. 이하에서는 사형폐지론자들이 주장하는 근거를 바탕으로 국가에 의하여 사형에 대한 집행권한이 최소화될 수 있는 방안을 강구하기로 한다.

재판의 오판방지를 위한 최소한의 방안

전적으로 타락한 인간의 오판가능성

사형제도의 폐지를 주장하는 강력한 근거는 전적인 타락의 상태에 있는 인간에게 부여된 재판의 오판가능성 및 이러한 오판으로 인하여 사형이 집행이 될 경우에의 회복 불가능성의 문제는 오늘날에 있어서도 사형제도가 최소한으로 운영이 되어야 한다는 상당한 근거를 제공하고 있다. 참고로, 법제처 법제홍보팀장의 "사형제에 대한 소고"의 글에 기재된 국가인권위원회의 국민의식조사의 내용[71]을 보면 아래와 같이 재판의 오판가능성에 대하여는 **법관과 피고인을 변론하는 변호사들이 가장 많이 인식**하고 있다는 것은 사형의 선고를 할 경우에 얼마나 신중해야 할 것인지에 대하여 상당한 시사점을 우리에게 주고 있다.

오판가능성	전혀 없다	거의 없다	약간 있다	매우 많다
법 관	0.9	29.2	69.9	
검 사	1.4	54.3	40.6	0.7
변호사		14.3	73.3	12.4

성경과 일반은혜 가운데에 형성된 재판제도

우리는 제3장에서 민수기 35장 29절 내지 31절, 신명기 19장 15절 내지 19절을 근거로 하여 하나님은 살인한 자들은 반드시 **증인**들의 말을 따라서 죽이지만 한 증인의 증거만으로는 죽이지 못하고 두 증인의 입으로나 세 증인의 입으로 그 사건을 확정하도록 함과 동시에 이러한 증인의 신빙성을 담보하기 위하여 위증에 대하여도 엄격하게 처벌하고 있음을 보았다.

> [29] 이는 너희의 대대로 거주하는 곳에서 판결하는 규례라 [30] 사람을 죽인 모든 자 곧 살인한 자는 증인들의 말을 따라서 죽일 것이나 **한 증인의 증거만 따라서 죽이지 말 것이요** [31] 고의로 살인죄

---

71) 류철호, "사형제에 대한 소고." 헌법과 법제실무 : 법제 (2010). 67.

를 범한 살인자는 생명의 속전을 받지 말고 반드시 죽일 것이며. (민 35:29~31)

[15] 사람의 모든 악에 관하여 또한 모든 죄에 관하여는 한 증인으로만 정할 것이 아니요 **두 증인의 입으로나 또는 세 증인의 입으로 그 사건을 확정**할 것이며.(신 19:15)

[18] 재판장은 자세히 조사하여 그 증인이 거짓 증거하여 그 형제를 거짓으로 모함한 것이 판명되면 [19] **그가 그의 형제에게 행하려고 꾀한 그대로 그에게 행하여 너희 중에서 악을 제하라.** (신 19:18~19)

그리고 제3장에서 논의한 바와 같이 신약 성경이 기록되었던 로마시대의 형사소추절차에서의 법제도는 오늘날 우리에게 상당한 시사점을 던져주고 있다. 즉, 사도 바울이 재판 받는 과정에서 드러난 변호사 제도의 시행(행 24:1), 증인에 대한 신문권과 피고인의 방어권의 보장(행 24:8~9;25:16), 미결구금 피고인에 대한 보석권의 보장(행 24:22~23), 증거재판제도의 도입(행 25:6~7), 상소권 보장(행 25:25)은 재판의 오판을 방지하기 위한 최소한의 필수적인 요소이다.

소결론

따라서 사형과 관련하여 재판의 오판(誤判)을 방지하기 위해서는 수사와 소추(訴追)단계에서부터 공정한 입장에서의 증거 수집과 이에 대한 평가를 바탕으로 기소(起訴)가 이루어져야 할 것이고, 재판은 사건의 이해관계자와 분리되어 공정한 재판이 실질적으로 행사

될 수 있도록 법관에 대한 기피(忌避) 등의 제도가 보장이 되어야 할 것이다.

나아가 이러한 재판을 담당하는 법관 역시 인간이므로 사실관계의 확정에서 오류를 최소화하기 위하여 공개 재판이 보장된 가운데에서 증거를 통한 심리가 이루어져야 할 것이며, 이러한 심리과정에서 피고인에게도 충분한 방어권을 행사할 수 있도록 증인들을 신문할 수 있고, 법원을 통하여 다양한 증거수집을 할 수 있는 기회가 실질적으로 보장이 되어야 할 것이다. 그리고 자력(資力)이 부족한 피고인의 경우에는 국가에서 변호인을 선임할 수 있도록 함으로써 그 방어권도 충분히 보장이 되어야 할 것이다.

한편 판결이 선고되더라도 다시 한 번은 적어도 사실심(事實審)에 대하여는 판단을 받을 수 있는 상소권이 보장이 되어야 할 것이다. 나아가 설령 판결이 확정이 되더라도 즉시적인 사형을 집행하기 보다는 과학의 발전에 따라서 피고인의 무죄를 증명할 수 있는 새로운 증거가 얼마든지 발견될 수 있는 여지를 고려하여 확정된 판결이 집행되기까지 상당한 시간적인 보장도 고려할 필요가 있다고 할 것이다.

국제연합의 인권규약 등을 통한 사형의 남용방지

세계인권선언과 시민적 및 정치적 권리에 관한 국제규약

양차(兩次) 세계대전을 경험한 인류는 인간의 잔악성에 눈을 뜨고 인간의 존엄성을 회복하기 위하여 다양한 제도와 기구를 강구하였다. 그 중에서 먼저 국제연합은 세계인권선언을 공표하였는데, 본 논문과 관련된 부분을 인용하면 다음과 같다.[72]

제1조 모든 인간은 태어날 때부터 자유로우며 그 존엄과 권리에 있어 동등하다. **인간은 천부적으로 이성과 양심을 부여받았으며 서로 형제애의 정신으로 행동**하여야 한다.

제2조 모든 사람은 인종, 피부색, 성, 언어, 종교, 정치적 또는 기타의 견해, 민족적 또는 사회적 출신, 재산, 출생 또는 기타의 신분과 같은 **어떠한 종류의 차별이 없이, 이 선언에 규정된 모든 권리와 자유를 향유할 자격**이 있다. 더 나아가 개인이 속한 국가 또는 영토가 독립국, 신탁통치지역, 비자치지역이거나 또는 주권에 대한 여타의 제약을 받느냐에 관계없이, 그 국가 또는 영토의 정치적, 법적 또는 국제적 지위에 근거하여 차별이 있어서는 아니된다.

제3조 **모든 사람은 생명과 신체의 자유와 안전에 대한 권리**를 가진다.

---

72) 대한민국법원, http://glaw.scourt.go.kr. [2024. 1. 3.접속]

제5조 어느 누구도 고문, 또는 **잔혹하거나 비인도적이거나 굴욕적인 처우 또는 형벌**을 받지 아니한다.

제10조 모든 사람은 자신의 권리, 의무 그리고 자신에 대한 **형사상 혐의에 대한 결정에 있어 독립적이며 공평한 법정에서 완전히 평등하게 공정하고 공개된 재판**을 받을 권리를 가진다.

제11조
1. 모든 형사피의자는 자신의 변호에 필요한 모든 것이 보장된 **공개 재판에서 법률에 따라 유죄로 입증될 때까지 무죄로 추정받을 권리**를 가진다.

2. 어느 누구도 **행위시에 국내법 또는 국제법**에 의하여 범죄를 구성하지 아니하는 작위 또는 부작위를 이유로 유죄로 되지 아니한다. 또한 **범죄 행위시에 적용될 수 있었던 형벌보다 무거운 형벌이 부과되지 아니한다.**

제14조
1. 모든 사람은 **박해를 피하여 다른 나라에서 비호를 구하거나 비호를 받을 권리**를 가진다.

2. 이러한 권리는 진실로 비정치적 범죄 또는 국제연합의 목적과 원칙에 위배되는 행위로 인하여 기소된 경우에는 주장될 수 없다.

그러나 세계인권선언은 권고(勸告)로서의 효력밖에 없었기 때문에 각국에 법률적 강제력이 있도록 조치할 필요가 있었는데, 이것이 바로 국제인권규약이다. 이러한 인권규약에는 경제적 · 사회적 및 문화적 권리에 관한 국제규약(이하, 'A규약')과 시민적 및 정치적 권리에

관한 국제규약(이하, 'B규약')이 있다. 특별히 사형제도와 관련되어 있는 것이 바로 B규약이다.[73]

제6조

1. **모든 인간은 고유한 생명권**을 가진다. 이 권리는 **법률에 의하여 보호**된다. 어느 누구도 **자의적으로 자신의 생명을 박탈당하지 아니한다.**

2. 사형을 폐지하지 아니하고 있는 국가에 있어서 **사형은 범죄 당시의 현행법**에 따라서 또한 **이 규약의 규정과 집단살해죄의 방지 및 처벌에 관한 협약**에 저촉되지 아니하는 법률에 의하여 **가장 중한 범죄에 대해서만 선고**될 수 있다. 이 형벌은 권한 있는 **법원이 내린 최종판결**에 의하여서만 집행될 수 있다.

3. 생명의 박탈이 집단살해죄를 구성하는 경우에는 이 조의 어떠한 규정도 이 규약의 당사국이 집단살해죄의 방지 및 처벌에 관한 협약의 규정에 따라 지고 있는 의무를 어떠한 방법으로도 위반하는 것을 허용하는 것은 아니라고 이해한다.

4. 사형을 선고받은 사람은 누구나 **사면 또는 감형을 청구할 권리**를 가진다. 사형선고에 대한 일반사면, 특별사면 또는 감형은 모든 경우에 부여될 수 있다.

5. 사형선고는 **18세 미만의 자가 범한 범죄에 대하여 과하여져서는 아니되며, 또한 임산부에 대하여 집행되어서는 아니된다.**

---

73) 대한민국 법원. http://glaw.scourt.go.kr. [2024. 1. 3.접속]

6. 이 규약의 어떠한 규정도 이 규약의 당사국에 의하여 **사형의 폐지를 지연시키거나 또는 방해하기 위하여 원용되어서는 아니된다.**

한편 위 B규약 제6조에서 규정한 집단살해죄의 방지 및 처벌에 관한 협약(이하, '제노사이드 조약')에서 규정하고 있는 집단살해를 아래의 행위를 규정하고 있다.

제2조 본 협약에서 집단살해라 함은 국민적, 인종적, 민족적 또는 종교적 집단의 전체 또는 일부를 파괴할 의도로 행하여진 이하의 행위를 말한다.

(가) 집단의 구성원을 살해하는 것
(나) 집단의 구성원에 대하여 중대한 육체적 또는 정신적 위해를 가하는 것
(다) 전체적 또는 부분적으로 육체적 파괴를 초래할 목적으로 의도된 생활조건을 집단에게 고의로 부과하는 것
(라) 집단 내 출생을 방지하기 위하여 의도된 조치를 부과하는 것
(마) 집단 내의 아동을 강제적으로 타 집단으로 이동시키는 것

법률에 의한 생명권의 보호

위 B규약과 제노사이드 조약을 체계적으로 해석하여 보면 원칙적으로 인간의 고유한 생명권은 보장이 되지만, 이를 두고 제한을 가할 수 없는 것으로 보지는 않았다. 그리하여 이러한 생명권을 **"법률에 의하여 보호"**되는 권리로 인식하고 있기 때문에 법률에 의하여 생명을 박탈하는 사형제도를 인정하고 있다. 즉 적어도 사형을 시행

하기 위해서는 법률의 제정에 의하여 시행이 되어야만 하는 것이지 법률에 의하지 아니한 어떠한 생명권의 박탈은 이루어져서는 안된다고 할 것이다.

한편, 위 B규약에 대하여 유의할 것은 제6조 제6항으로서 "이 규약의 어떠한 규정도 이 규약의 당사국에 의하여 사형의 폐지를 지연시키거나 또는 방해하기 위하여 원용되어서는 아니된다"라는 내용이다. 즉, 하나님이 비록 인간 세상에서의 악이 만연되는 것을 방지하기 위하여 홍수 후 노아 언약을 통하여 사형을 집행할 수 있는 권한을 국가라는 제도에 맡겼지만, 인간은 늘 오판의 위험성에 놓여 있고 권력자는 이를 악용할 유혹을 받을 수 있기 때문에 국가는 최대한으로 사형제도를 줄여나가는 것이 타당하다고 할 것이다.

나아가 위 B규약 제11조는 "어느 누구도 계약상 의무의 이행불능만을 이유로 구금되지 아니한다"라고 규정하고 있다. 한편 "구금"은 범죄에 대한 수사 또는 형사소추를 전제로 하는 것으로서 계약상 의무의 이행불능만으로 가장 중한 형벌로써 사형을 규정할 수 없다는 것은 위 규정의 취지상 당연한 해석이다. 이는 구약 율법의 규정에도 재산죄를 범한 것만으로 사형을 인정하는 것을 찾아볼 수 없다는 것과 그 맥을 같이 하는 것이다.[74]

---

74) 박충구, "기독교 윤리학적 관점에서 본 사형제도." 신학과 세계 통권 69호(2010), 200~201.

소급처벌의 금지

다음으로 위 세계인권선언 및 국제연합 B규약에서 사형을 선고할 수 있는 범죄의 실체적인 내용에 대하여는 **"범죄 당시"**의 현행법에 의하여 **"가장 중한 범죄"**, 제노사이드 협약에 저촉되지 아니한 가장 중한 범죄에 따라서 사형이 가능하도록 규정되어 있다. "범죄 당시"의 현행법에 의하여야 하기 때문에 소급적으로 형법을 제정하거나 개정하는 방법으로 사후에 사형을 선고할 수 없도록 하였다. 그리고 "가장 중한 범죄"는 해당 가입국의 입장에 따라서 판단할 수 있도록 불확정 개념으로 각 국가가 처한 환경을 고려하고 있다.

잔혹하거나 비인도적인 형벌 집행의 금지

한편 위 B규약 제7조는 "어느 누구도 고문 또는 잔혹한, 비인도적인 또는 굴욕적인 취급 또는 형벌을 받지 아니한다. 특히 누구든지 자신의 자유로운 동의없이 의학적 또는 과학적 실험을 받지 아니한다"라고 규정하고 있다. 위 B규약 제7조는 형벌의 집행에 관한 규정으로서 아무리 사형제도가 위 B규약이나 해당 국가의 최고의 법을 위반하지 않는다고 하더라도 그 집행에 있어서 잔인하게 신체의 일부를 절단시키는 등의 방법으로 인류의 양심에 큰 충격을 던져주는 방법으로 시행되어서는 안된다고 할 것이다.

사형제도가 B규약 제7조를 위반하였는지 여부에 대하여 미국 연방대법원의 Gregg vs Georgia 428 U.S. 153 (1976) 판결을 참조할 필요가 있다. 위 Gregg vs Georgia 사건의 사실관계는 다음과 같다.

> ① Troy Leon Gregg는 1973년에 조지아 주 검사에 의하여 타인의 주택 등을 무단으로 침입하여 두 명을 살해하였다는 혐의로 기소되었다. ② Gregg는 유죄 판결을 받고 사형을 선고받았으나, Gregg의 변호사는 사형이 미국 헌법 제8조의 금지된 "잔혹하고 비인도적인 처벌"을 구성하며, 사형 집행 자체가 인간존엄을 침해하고 고통스럽다는 주장을 하였다. 그리고 조지아 주의 사형 절차가 임의적이고 형평성이 없으며 특히 사형의 선고와 관련하여 판사의 재량권이 너무 넓고, 사형을 선고하는데 일관성이 부족하여 비슷한 범행에 대해서는 사형이 선고되지 않은 경우를 제시하였다. ③그 결과, Gregg의 사건은 미국 연방 대법원에 상고 되었고, "Gregg vs Georgia" 사건으로 선고되었다.

미국 연방대법원의 다수의견은 위 사건에 대하여 (1) 사형 자체가 미국 헌법에 어긋나지 않으며, 사형을 헌법 제8조의 금지된 "잔혹하고 비인도적인 처벌"로 간주하지 않았으며, 사형이 적절한 범죄에 대한 적절한 형벌로서 허용될 수 있다고 판단하였다. (2) 조지아 주의 사형 절차가 임의적이거나 형평성이 없다는 증거를 발견하지 못했지만, 사형절차에서 적절한 법적 보호와 제한을 도입해야 한다고 명시하였다. (3) 미국 연방 대법원은 사형제도의 심각성을 인정하면서도, 사형집행이 어떤 범죄자에게 적용될 것인지를 결정하는 것은 주(州)법의 문제로서 사법(司法)의 문제는 아니라고 판결하였다. (4) 그리고 형벌은 범죄의 형태와 심각성에 따라 적용되어야 한다는 원칙을 강조하면서 사형은 모든 범죄에 대해 일반적으로 적용되는 것이 아니라,

특정 범죄의 경우에 한정적으로 사용되어야 한다고 판결하였다.[75]

소결론

양차(兩次) 세계 대전을 경험한 인류는 창세기 6장 5절의 말씀과 같이 "사람의 죄악이 세상에 가득함과 그의 마음으로 생각하는 모든 계획이 항상 악"한 것을 실로 체험하였다. 이를 통하여 인간이 나름의 이성의 법칙과 역사의 교훈을 통하여 세계인권선언과 국제인권규약을 체결하고 시행되고 있다는 것은 인간이 사형제도를 운영함에 있어서 얼마나 신중해야 하는가를 잘 보여주는 것이라고 할 수 있다. 그래서 적어도 사형제도가 시행되기 위해서는 "법률에 의하여" 제정이 된 범죄에 대하여, 그것도 "범죄행위 당시"의 법률에 사형이 규정되어 있어야 할 것이고, "잔혹하거나 비인도적인 방법"으로 사형이 집행되어서는 아니된다고 할 것이다.

정당한 법률에 의한 사형의 제정과 사형선고의 최후성

전술(前述)한 바와 같이 법률에 의하여 사형이 규정된다고 하더라도 그 법률 자체가 정당성을 결여할 경우에는 형식적으로는 법률에

---

75) U.S.Supreme Court, https://supreme.justia.com/cases/federal/us/428/153/. [2024. 1. 4. 접속] 위 결정의 다수 의견을 낸 연방대법관은 MR.JUSTICE STEWART, MR.JUSTICE POWELL, and MR.JUSTICE STEVENS이다.

의한 사형이지만 실질적으로는 법률의 탈을 쓴 제도적인 사형으로서 남용이 될 소지가 있다. 그리고 아무리 법률에 의하여 사형이 규정되어 있다고 하더라도 이를 선고하는 법원의 입장에서 다시 한 번 최종적으로 살필 수 있는 재량의 여지가 부여되어야만 이러한 남용을 방지할 수 있다는 측면에서 아래의 헌법재판소 2004. 12. 16. 2003헌가12의 결정과 대법원 2023. 7. 13. 선고 2023도2043 판결은 실질적인 법치국가에서 사형제도가 시행되기 위한 좋은 기준점을 제시해 줄 수 있다.

헌재 2004. 12. 16. 2003헌가12의 결정과 정당한 법률

위헌심판제청의 대상이 된 사건은 제청신청인이 ① 2002. 12. 25. 03:40경 서울 노원구 월계동 287 소재 조흥은행 앞 길에서, 그 곳을 지나가던 피해자 최○선(여, 16세), 같은 김○련(여, 16세) 일행에게 아무런 이유 없이 시비를 걸었다가 피해자들이 화를 낸다는 이유로 주먹 등으로 위 피해자들을 때려 상해를 가했다. ② 같은 일시경 위 조흥은행 앞 인근 건물에 있는 '두꺼비핵교' 호프집에서, 위와 같이 제청신청인으로부터 맞은 피해자 최○선·김○련 및 같은 정○숙(여, 16세)이 위 호프집 안으로 제청신청인을 쫓아오자 그 곳 주방에 놓여 있던 위험한 물건인 식칼을 손에 들고 위 피해자들을 향하여 휘두르면서 생명이나 신체에 어떠한 해악을 가할 듯한 태도를 보여 위 피해자들을 협박하였다. 제청신청인은 상기 혐의로 서울지방법원 북부지원에 위 ①항에 대하여는 폭력행위등처벌에관한법률(이하 "폭처법"이라 한다) 제2조 제2항·제1항, 형법 제257조 제1항, 위 ②항에 대하여는 폭처법 제3조 제2항·제1항, 제2조 제1항, 형법 제283조 제1항 위반죄로 기소되었다.

이에 제청신청인은 그 소송의 계속 중에 2003초기253호로 폭처법 제3조 제2항이 위헌이라고 주장하며 위헌제청신청을 하였고, 위 법원은 이 신청을 받아들여 이 사건 위헌제청을 하였다. 한편 위 폭처법 제3조 제2항은 "야간에 제1항의 죄를 범한 자는 5년 이상의 유기징역에 처한다"라고 규정되어 있었다. 이에 대하여 헌법재판소 재판관의 전원 일치된 의견의 요지는 다음과 같다.

① **형사법상 책임원칙은 기본권의 최고이념인 인간의 존엄과 가치에 근거한 것으로, 형벌은 범행의 경중과 행위자의 책임 즉 형벌 사이에 비례성을 갖추어야 함**을 의미한다. 따라서 기본법인 형법에 규정되어 있는 구체적인 법정형은 개별적인 보호법익에 대한 통일적인 가치체계를 표현하고 있다고 볼 때, 사회적 상황의 변경으로 인해 특정 범죄에 대한 형량이 더 이상 타당하지 않을 때에는 원칙적으로 법정형에 대한 새로운 검토를 요하나, **특별한 이유로 형을 가중하는 경우에도 형벌의 양은 행위자의 책임의 정도를 초과해서는 안된다.** 이 사건 법률조항을 포함한 폭처법 제3조 제2항은 동 조항의 적용대상인 형법 본조에 대하여 일률적으로 5년 이상의 유기징역에 처하는 것으로 규정하고 있다. 그런데 위 각 형법상의 범죄는 죄질과 행위의 태양 및 그 위험성이 사뭇 다르고, 이에 따라 원래의 법정형은 낮게는 폭행(제260조 제1항)이나 협박(제283조 제1항)과 같이 구류 또는 과료가 가능한 것에서부터 높게는 상해(제257조 제1항) 또는 공갈(제350조)과 같이 10년 이하의 징역에 이르기까지 그 경중에 차이가 많음을 알 수 있다. **그럼에도 불구하고, 그 행위가 야간에 행해지고 흉기 기타**

위험한 물건을 휴대하였다는 사정만으로 일률적으로 5년 이상의 유기징역형에 처하도록 규정한 것은 실질적 법치국가 내지는 사회적 법치국가가 지향하는 죄형법정주의의 취지에 어긋날 뿐만 아니라 기본권을 제한하는 입법을 함에 있어서 지켜야 할 헌법적 한계인 과잉금지의 원칙 내지는 비례의 원칙에도 어긋난다.

② 폭처법 제3조 제2항에 해당하는 범죄와 유사하거나 관련있는 범죄로서 동 조항에 해당하지 아니하는 범죄를 살펴보면, 예컨대 형법 제259조 제1항의 상해치사의 경우 사람의 사망이라는 엄청난 결과를 초래한 범죄임에도 3년 이상의 유기징역형으로 그 법정형이 규정되어 있다. 그런데, **상해치사의 범죄를 야간에 흉기 기타 물건을 휴대하여 범한 경우에도 그 법정형은 여전히 3년 이상의 유기징역형임을 고려하면, 야간에 흉기 기타 위험한 물건을 휴대하여 형법 제283조 제1항의 협박죄를 범한 자를 5년 이상의 유기징역에 처하도록 규정하고 있는 이 사건 법률조항의 법정형은 형벌의 체계정당성에 어긋난다.** 또한, 예컨대 야간에 위험한 물건을 휴대하여 상해를 가한 자 또는 체포·감금, 갈취한 자를 5년 이상의 유기징역에 처하는 것이 폭력행위의 근절이라는 입법목적을 달성하기 위하여 불가피한 입법자의 선택이었다 하더라도, 이 사건 법률조항은 이러한 폭력행위자를 행위내용 및 결과불법이 전혀 다른, "협박"을 가한 자를 야간에 위험한 물건의 휴대라는 범죄의 시간과 수단을 매개로, 상해를 가한 자 또는 체포·감금, 갈취한 자와 동일하다고 평가하고 있다. **이것은 달리 취급하여야 할 것을 명백히 자의적으로 동일하게 취급한 결과로서, 형벌체계상의 균형성을 현저히 상실하여 평등원칙에도 위배된다.**

③ **이 사건 법률조항은 지나치게 과중한 형벌을 규정함으로써 죄질과 그에 따른 행위자의 책임 사이에 비례관계가 준수되지 않아 인간의 존엄과 가치를 존중하고 보호하려는 실질적 법치국가 이념에 어긋나고, 형벌 본래의 기능과 목적을 달성하는데 필요**

**한 정도를 현저히 일탈하여 과잉금지원칙에 위배되며, 형벌체계
상의 균형성을 상실하여 다른 범죄와의 관계에서 평등의 원칙에
도 위반**된다.

위 헌법재판소의 결정이 시사하는 바는 상당히 중요하다고 할 것이다. 만일 사형제도가 한 국가 안에서 허용이 된다고 하더라도, 법정형의 종류로써 오직 "사형"만 극단적으로 규정하거나 중대하지 않은 범죄임에도 사형을 형벌로 규정한 법률은 인간의 존엄과 가치를 존중하고 보호하려는 실질적 법치국가의 이념에 어긋난다는 것임을 위 헌법재판소 결정은 잘 보여주고 있다.

그리고 지나치게 형벌을 과중하게 입법할 경우에 범죄의 태양(態樣)과 경중을 파악하여 행위자의 책임에 맞는 형을 선고할 법원의 고유한 권한을 입법자가 법률로써 박탈하는 결과를 초래할 수 있다. 따라서 이러한 입법은 인간의 존엄성 존중과 권력분립을 전제로 하는 현대 민주사회에서는 허용되어서는 아니된다고 할 것이다. 그렇기 때문에 적어도 사형의 형벌을 규정한 법률이 정당화되기 위해서는 하나님이 인간에게 허락하신 사형제도의 취지를 바탕으로 인간의 존엄과 가치의 바탕이 전제된 법률이어야 할 것이다.

대법원 2023. 7. 13. 선고 2023도2043 판결과 사형선고의 최후성

대법원 2023. 7. 13. 선고 2023도 2043 판결의 전제가 된 제1심 판

결의 사건 요지는 다음과 같다.

> 위 사건의 피고인은 2020. 9. 25. 대전고등법원에서 강도살인죄 등
> 으로 무기징역을 선고받아 2021. 3. 12.부터 공주교도소에서 수형
> 생활을 하고 있었다. 그런데 피고인은 피해자와 같은 수용실에서
> 수형생활을 하면서 평소 피고인의 말을 잘 듣지 않는다는 이유로
> 피해자에 대하여 불만을 품고 있었다. 그러던 중 피고인은 2021.
> 12. 21. 21:25경 동료 재소자인 공범들과 함께 피해자를 폭행한 후
> 정신을 잃게 하고 나서는 피해자가 즉시 전문적인 치료를 받지 않
> 을 경우 사망할 수도 있다는 점을 알고서도 이를 들키지 않기 위
> 하여 피해자가 자연사한 것처럼 위장하기로 하고 같은 날 22:43
> 경 교도관에게 신고하기까지 방치하다가 교도관이 도착하자 피
> 해자를 구호하는 등의 시늉만 하다가 피해자를 사망하게 한 사건
> 이었다. 이 사건 당시 피고인은 26세의 나이였다.

위 사건에 대하여 원심인 대전고등법원 2023. 1. 26. 선고 2022노
310 판결에서는 위 피고인의 형을 정함에 있어서 ① 피고인은 강도살
인죄를 저지른 다음에 또다시 살인죄를 저지른 점, ② 이 사건 폭행
의 가장 주도적으로 범하고 수시로 스트레스를 해소할 목적이나 단
순한 재미를 위하여 다양한 방법으로 평소에도 폭력을 행사하였을 뿐
만 아니라 피해자의 유두나 성기를 빨래 집게로 집어 돌림으로써 피
해자의 육체적 고통을 극대화하기 위한 학대나 고문을 한 점, ③ 피
해자는 피고인보다 나이가 상당히 많은 중년남성으로서 평소 심장질
환을 앓는 등 건강이 좋지 아니하였던 점, ④ 피해자의 유족이 엄중
한 처벌을 강하게 요구한 점, ⑤ 피고인이 종전에 범했던 강도살인 범
행은 금품을 강취하기 위하여 미리 준비한 장도리로 피해자의 머리

를 수회 내리쳐 살해한 것이고 이 사건 범행은 스트레스의 해소나 재미를 위해 피해자에게 반복하여 폭력을 행사하여 살해한 점, ⑥ 피고인의 재범위험성이 높거나 중간수준으로 나타나는 점에 비추어 향후 재범하지 아니하거나 교화 될 가능성이 낮다고 판단되는 점, ⑦ 이미 무기징역을 선고받고 교도소에 수용되어 있던 피고인이 살인죄를 범하였는데 무기징역 이하의 형을 선고받는다면 교도소에 있는 수용자는 물론 일반 국민에게도 그것이 별 의미 없는 처벌로 받아들여질 수 있는 점, ⑧ 법원이 2003년 이후 20년간 사형을 확정한 피고인의 수가 23명으로서 법원의 양형 사례에 비추어 이례적이거나 가혹하다고 볼 수 없는 점, ⑨ 피고인이 자신이 저지른 범죄에 대한 합당한 처벌을 받아들이고 죗값을 치르는 것이 존엄한 인격체로서 사회에 대한 책임을 다하는 점을 고려하여 피고인에 대하여 사형을 선고하였다.

이에 대하여 대법원은 사형의 선고가 허용되는 경우 및 사형을 선고할 것인지 결정할 때의 준수할 사항을 아래와 같이 판시하였다.

① 사형은 인간의 생명을 박탈하는 냉엄한 궁극의 형벌로서 사법제도가 상정할 수 있는 극히 예외적인 형벌이라는 점을 감안할 때, 사형의 선고는 범행에 대한 책임의 정도와 형벌의 목적에 비추어 누구라도 그것이 정당하다고 인정할 수 있는 특별한 사정이 있는 경우에만 허용된다. 따라서 사형을 선고할 것인지 결정하려면 형법 제51조가 규정한 사항을 중심으로 범인의 나이, 직업과 경력, 성행, 지능, 교육정도, 성장과정, 가족관계, 전과의 유무, 피해자와의 관계, 범행의 동기, 사전계획의 유무, 준비의 정도, 수단과 방법, 잔인하고 포악한 정도, 결과의 중대성, 피해자의 수와 피해감정, 범행 후의 심정과 태도, 반성과 가책의 유무, 피해

회복의 정도, 재범의 우려 등 양형의 조건이 되는 모든 사항을 철저히 심리하여야 하고, 그러한 심리를 거쳐 사형의 선고가 정당화될 수 있는 사정이 밝혀진 경우에 한하여 비로소 사형을 선고할 수 있다.

② 법원은 이를 위하여 기록에 나타난 양형조건들을 평면적으로만 참작하는 것에서 더 나아가, 피고인의 성행과 환경 등 주관적인 양형요소를 심사할 수 있는 객관적인 자료를 확보하여 심사하여야 할 것은 물론이고, 범행 결의, 준비 및 실행 당시를 전후한 피고인의 정신상태나 심리상태의 변화 등에 대하여서도 관련 분야의 전문적인 의견을 참조하여 깊이 있게 심리를 하여야 한다.

③ 따라서 법원은 양형의 조건이 되는 사항들 중 피고인에게 유리한 정상과 불리한 정상을 충분히 심사하여야 하고, 나아가 구체적인 양형요소가 피고인에게 불리한 정상과 유리한 정상을 모두 포함하는 경우 양쪽을 구체적으로 비교 확인한 결과를 종합하여 양형에 나아가야 한다.

그리고 대법원은 위 사안에서 사형을 선고한 것은 위법하다고 원심을 파기(破棄) 하면서 다시 대전고등법원에 환송하였다. 대법원에서 원심의 사형선고가 위법한 이유를 구체적으로 살펴보면 아래와 같다.

① 먼저 원심은 피고인에게 사회적 유대관계가 없다는 점을 지적하여 불리한 정상으로 보았다.

② 원심은 피고인이 교도소에 수용되어 있던 사람으로 자신의 죗값을 치르고 자신의 성행을 교정하기 위하여 노력해야 함에도 살

인 범행을 저질렀음을 이유로 그 죄책을 매우 무겁게 보았다. 당시는 **코로나 바이러스감염증-19의 영향으로 교도소 수용자들의 밀집도가 더 높아지고 운동이 제한되었던 시기**이다. 이 사건이 교도소에서 저지른 범죄라는 점을 불리한 정상으로만 볼 것이 아니라, **교도소의 특성이 수용자들의 심리와 행동에 영향을 미칠 여지가 있음을 고려하고 특히 이 사건 당시 교정기관이 예측할 수 없었던 상황으로 수용자들에 대한 관리 · 감독이 어려울 수 있었다는 점**을 감안할 필요가 있다.

③ 원심은 피고인의 살인 고의가 미필적인 것으로 볼 수 있다는 점을 유리한 정상으로 참작하면서도, 범행 동기가 불량하고 방법이 잔혹하여 그 죄책이 흉기를 사용하여 확정적 고의로 살해하는 것보다 결코 가볍지 않다고 보았다. 그러나 형을 정함에 있어서는 범죄의 내용과 처벌 사이에 비례관계를 유지하는 것이 무엇보다 중요하다 … 여기에 피고인이 살인 범행에 흉기나 위험한 물건을 사용하지 않았다는 점과 이 사건의 피해자가 한 사람에 그쳤다는 점 또한 중요한 사정으로 다른 유사사건에서의 양형과 그 형평성을 비교할 수 있다.

④ 원심은 '사람을 살해할 경우에는 그로 인한 충격 때문에 놀라거나 당황하는 모습을 보이는 것이 일반적이다.'라는 전제에서 피고인이 범행을 은폐하려 한 것을 불리한 정상으로 보았다. 그러나 **위의 전제를 일반적인 것으로 받아들이기 어렵고, 피고인의 범행 은폐 시도를 이례적이라고 단정할 수 없다.** 피고인이 범행 직후 공동피고인들과 진술을 맞추고 증거물품을 변기에 넣어 흘려보내기도 하였으나 이후에는 범행을 인정하고 재판이 진행됨에 따라 이 사건의 전말을 순순히 밝혔던 사정을 참작한다면 피고인의 범행 후 행적을 불리한 정상으로만 삼기 어렵다.

⑤ 원심은 피고인이 피해자 유족에게 금전적 배상 등을 하려는 노력을 전혀 하지 않았다는 점을 불리한 정상으로 참작하였다. **원심이 인정한 바와 같이 피고인은 피해자 유족으로부터 용서를 받지 못하였으나 피고인과 같이 사회적 유대관계가 없어 합의를 할 여력이 없는 경우에는 그러한 사정을 함께 고려하여야 할 것**이다. 한편 피고인은 이 사건 공소 제기 이후 두 차례 자살을 시도하였고, 제1심에서 대부분의 사실관계를 인정하며 일부 법리적인 주장을 하였다가 원심에서 범행을 모두 인정하였는바, 피고인이 결국 범행을 인정하고 재판 중 자살을 시도한 사정까지 고려한다면, 금전적 배상 또는 합의에 이르지 못하였다고 하여 피고인이 자신의 잘못을 전혀 뉘우치지 않고 있다고 단정할 수는 없다.

⑥ 원심은 이미 중한 범죄를 저질러 무기징역형의 집행 중인 피고인에게 무기징역 이하의 형을 선고한다면, 일반예방의 측면에서 별 의미 없는 처벌로 받아들여질 것이고, 사형은 집행되지 아니하더라도 사실상 절대적 종신형으로서 기능하는 측면도 있다고 보았다 … 일생 동안 종신적으로 복역하게 하는 무기징역형의 본질상 무기징역형을 집행하는 이상 **개념적으로는 이중으로 무기징역형을 집행할 수 없다고 평가할 수 있을 뿐이다. 무기징역형 집행 중 다시 무기징역형을 선고한다는 사정만으로 그 형이 무의미하다고 볼 것은 아니다.**

⑦ … 사형 선고는 국가가 마땅히 보호할 책무를 지는 최고 가치인 인간의 귀중한 생명을 국가가 오히려 빼앗는 극단적인 조치를 통하여 형벌의 목적을 달성하고자 하는 것이다. 피고인에게 미치는 영향의 중대성이 다른 형벌과 비교할 수 없고, 법원의 신중한 양형판단 필요성 또한 다른 형의 경우와 비교할 수 없이 높다고 할 것이다 …

위 대법원의 판결은 원심인 대전고등법원과 바라보는 시각의 차이점을 상호 잘 대비하여 주고 있다. 위 대법원에서 판시한 바와 같이 "사형선고는 최고 가치인 인간의 귀중한 생명을 빼앗는 극단적인 조치를 통하여 형벌의 목적을 달성하고자 하는 것으로서 피고인에게 미치는 영향의 중대성이 다른 형벌과 비교할 수 없고 법원의 신중한 양형 판단 필요성 또한 다른 형의 경우와 비교할 수 없이 높다고 할 것이다"라는 부분은 법정형에 사형이 규정되어 있다고 하더라도 그것을 선고하는 법원의 입장에서는 얼마나 신중하게 판단해야 하는가에 대한 좋은 기준점을 제시해 준다.

소결론

따라서 아무리 세계인권선언이나 국제인권규약에 따라서 법률에 의하여 사형을 선고하고 집행을 할 수 있다고 하더라도 그 법률 자체가 하나님이 허락하신 심판의 목적을 초월하거나 남용이 되어서 정당성을 결여할 경우에는 오히려 그 법률로 인하여 생명권이 위협받는 상황이 초래된다. 이러한 이념이 더욱 반영되어진 오늘날의 실질적 법치주의는 인류가 법치주의를 제정하고 발전시켜 나가면서 발견한 중요한 이념이라고 할 것이다. 그렇기 때문에 사형을 규정한 법률은 헌법재판소 2004. 12. 16. 2003헌가12의 결정에서 판시한 바와 같이 죄질과 그에 따른 행위자의 책임 사이에 비례관계가 준수되어야만 할 것이다.

나아가 설령 입법단계에서 죄질과 행위자의 책임 사이에 비례관계가 준수되더라도 인간의 전적인 타락으로 인한 오판과 남용의 위험성이 상존하고 있기 때문에, 대법원 2023. 7. 13. 선고 2023도2043 판결의 취지와 같이 범행에 대한 책임의 정도와 형벌의 목적에 비추어 사형을 선고함이 누구라도 정당하다고 인정할 수 있는 특별한 사정이 있는 경우에만 사형의 선고와 집행이 허용되어야 할 것이다.

본 장(章)을 맺으며

　필자는 본 장에서 사형폐지론자들이 주장하는 근거에 대하여 성경적 언약신학적인 관점에서 인도주의적 관점을 배제하고 사형제도가 남용이 되지 않도록 운영될 수 있는 여러 가지 제도들을 강구하였다.

　먼저 재판과정에서의 오판방지를 위한 최소한의 방안으로 소추(訴追)기관과 재판기관의 분리가 이루어지고, 공정하고도 공개된 재판에서 심리가 이루어지는 가운데 피고인의 방어권이 충분히 보장이 이루어져야 한다. 그리고 이러한 피고인의 방어권을 위하여 변호인 선임권이 실질적으로 보장이 되어야 하며, 판결에 대한 상소권의 보장과 사형판결이 확정되더라도 집행까지는 정당한 시간의 확보가 필요하다는 것을 주장하였다.

　그리고 국제연합의 시민적 및 정치적 권리에 관한 국제규약을 통하여 법률에 의하여 생명권이 보호되어야 하기 때문에, 사형을 실시하기 위해서는 반드시 국내법 또는 국제법에 의하여 범죄와 사형의 형벌이 규정되어야 함을 살펴보았고, 설령 법률에 의하더라도 소급적으로 처벌이 되지 않도록 함으로써 사형제도의 본래의 목적이 부당하게 남용되지 않도록 하여야 함을 강조하였다. 그리고 확정된 사형선고라고 하더라도 잔혹하거나 비인도적으로 신체를 절단하거나 하는 형벌은 인간의 복수심의 발로라고 할 수 있기 때문에 이러한 집행이 이루어져서는 아니된다고 할 것이다.

나아가 한국의 헌법재판소 2004. 12. 16. 2003헌가12의 결정의 취지와 같이 아무리 사형이 법률에 규정이 된다고 하더라도 행위자의 죄질과 그에 따른 행위자의 책임 사이에 비례관계가 준수되어야 할 것이다. 또한 대법원 2023. 7. 13. 선고 2023도2043 판결의 이유에서 적시한 바와 같이 범행에 대한 책임의 정도와 형벌의 목적에 비추어 누구라도 사형선고가 정당하다고 인정할 수 있는 특별한 사정이 있는 경우에만 허용이 되어야 할 것이다.

· 제5장 ·

결론

생명을 다루는 문제의 신중성

사람의 생명을 다루는 분야는 그것이 생명을 살리는 의사이든지 사형을 선고하는 판사의 입장이든지 신중하게 최선의 노력을 다해야 하는 것임에는 틀림이 없다. 하나님을 믿지 아니하는 사람의 입장에서 바라보는 상대주의 철학에 의하면 한 개인이 죽으면 한 개의 세계가 사라지는 것이라고 할 만큼 모든 존재의 출발점이 바로 인간의 생명이다. 그리고 하나님을 믿는 사람의 입장에서 바라보면 인간은 하나님의 형상을 닮은 고귀한 존재일 뿐만 아니라 인간의 생명에 대한 최종적인 심판권은 궁극적으로 창조주이신 하나님에게 속하는 것이다. 그렇기 때문에 생명에 대한 논의를 한다는 것은 더욱 겸비해야 하고 남용의 소지가 있어서는 안된다고 할 것이다.

필자가 바라본 사법제도 운영주체의 연약성

필자는 경찰관으로서의 10년을 조금 넘긴 삶, 변호사로서의 12년을 넘어서고 있는 삶을 살아왔다. 그리고 현재는 아름다운 동행 교회의 목회자의 길도 같이 걸어가고 있다. 필자는 경찰관으로서의 삶 동안에 사소한 말 다툼으로 인하여 살인사건이 발생한 현장을 경험하였고, 한 가족이 농약을 먹고 자살하고 그 슬픔과 죄책감을 이겨내지 못한 가장은 목을 매어 목숨을 버린 사건도 경험하였다. 그리고 변호사로서 살인죄로 기소된 피고인을 변론하면서 상해치사죄로 죄명이 변경이 되었고, 살인미수로 기소된 피고인을 변론하면서 중상해죄로 죄명이 변경이 되는 경험도 하였다. 그리고 종교적인 신념으로 말미암아 자살을 방조에 이르게 한 목회자도 변론을 하였다.

이런 와중에 필자가 현장에서 경험한 대한민국의 사법제도에 대한 느낌은 다른 세계의 선진 사법제도를 운영하고 있는 나라와는 크게 다르지 않을 것이라고 본다. 왜냐하면 서울대학교 법과대학원 석사과정 중 외국에서 활동하고 있는 변호사들과 같이 수학(修學)하면서 외국의 사법제도의 운영을 간접적으로 경험하여 보았기 때문이다. 필자가 느낀 점은 아무리 사법제도가 완비되어 있고 국선변호인 제도가 완비되어서 피고인의 방어권의 보장이 된다고 하더라도 결국 이를 운영하는 주체는 사람이라는 것이다.

판사는 모든 증거를 바탕으로 이에 대하여 심증을 형성하고 공소가 제기된 사실에 대하여 합리적인 의심을 넘어설 경우에는 유죄판결을 한다. 그렇지만 그 역시 연약하고 오류에 빠질 수밖에 없는 사람이다. 그는 하나님이 아니라는 것이다.

그리고 검사는 검찰청법 제4조 제1항에는 공익의 대변자라고 선언하고 있다. 그러나 검사는 결국 피의자를 수사하고 피의자를 소추하는 일이 그들의 궁극적인 역할이다. 그렇기에 아무리 공익의 대변자라고 하더라도 다양한 이유로 인하여 그 기소권의 행사가 한 치의 부끄러움도 없다고 할 수는 없는 것이다. 그 역시 연약하고 편견에 빠질 수밖에 없는 사람이다.

경찰관은 형사소송법 제198조 제2항에 따라서 인권을 존중하는 방법으로 수사를 하여야 한다고 규정되어 있다. 그러나 경찰관은 하나님이 아닌 까닭에 지나간 시간을 다시 되돌려서 사건의 실체적 진실을 명백히 할 수가 없다. 그 역시 인간이기에 그들이 배운 그동안의 지식, 그들이 가지고 있는 각종 수사장비 등을 통하여 채집한 증거를 바탕으로 사후적으로 사건을 재구성할 수밖에 없는 것이다. 그 역시 연약하고 자신의 주관의 독단과 독선에 빠질 수밖에 없는 사람이다.

변호사는 어떠한가? 마치 변호사가 피고인의 모든 억울한 사정을 법원에서 밝혀 줄 수 있는 듯한 정의의 사도로 생각하기 쉽지만, 변호사가 할 수 있는 역할은 참으로 미미하다. 왜냐하면 변호사에게는 수사권이 없고 오직 법원을 통해서 법원의 결정으로만 증거를 수집하기 때문에, 법원에서 변호사의 증거신청을 받아들이지 아니할 경우에는 그야말로 속수무책이다. 그리고 그들의 변론이 아무리 훌륭하다고 하더라도 그들 앞에는 연약하고 오류에 빠질 수밖에 없는 인간이라는 판사가 이를 결정한다는 것이다.

사형이 확정된 사람에 대하여 사형을 집행하는 교도관은 자기의 의지와 상관없이 그들의 직업이라는 이유로 사형수가 앉은 자리가 열려서 그 목이 매달리도록 레버를 당겨야 한다. 그리고 그들은 그 레버를 당긴 노고로 사형 수당을 받았다고 한다. 그리고 그 사형 수당은 목숨 값이라고 하여 집으로 가져가지 아니하고 사형 집행 당일 날 술로써 사람의 목숨을 빼앗은 직업적인 죄책감을 달랬다고 한다. 특히, 사형의 집행 순간까지도 무죄를 주장하면서 억울해하는 사형수를 집행하였다면 그것이 얼마나 더 할 것인가?

피해자와 그 가족들 및 사회 일반인의 관점

이제 눈을 돌려보자. 한 가정에서 애지중지하게 성장하였던 자녀가 강간을 당하고 그 자리에서 죽음을 당한 가정의 부모는 죽음의 문턱에 이를 때까지 그 슬픔을 극복할 수 있을까? 그리고 그 자녀를 강간살인한 사형수가 여전히 이 땅에서 숨을 쉬고 있고, 때로는 교화(敎化)라는 명목으로 문화생활을 구치소에서 즐기고 있다는 것을 듣고 있노라면 얼마나 몸서리 쳐지고, 온 밤을 뜬 눈으로 눈물이 고인 채 분노한 마음으로 살아가지 않겠는가?

마치 자기와는 관련이 없는 듯한, 즉 자기나 가족들은 결코 사형을 당할 일이 없을 것이라는 굳건한 믿음 가운데 서 있는 사람들은 그들의 신념대로 사형이 집행이 되어야만 정의가 실현되어지고 흉악범죄를 줄일 수 있다고 강변할 것이다. 이에 반하여 인본주의적인 가치관을 가지고 있는 사람의 경우에는 혹시라도 오판이 있으면 사형이 집행이 된 이후에 죽은 생명을 다시 회복할 길이 없다고 강변할 것이다.

나아가 사람이 사람을 죽이는 것이 합당한지에 대한 철학적인 입장에서도 의문의 돌을 던질 것이다.

근본으로 돌아가자

이제 근본적인 물음으로 돌아가 보자. 왜 사람이 범죄를 저지르는가? 범죄를 저지르지 아니하면 사형을 비롯한 국가의 형벌을 받지 않을 수 있는데도 불구하고, 범죄를 저지른 그 사람에 대하여는 책임을 묻는 것이 당연한 것이 아닌가? 사실 범죄가 없는 곳, 눈물과 슬픔이 없는 곳, 바로 그곳이 우리가 진정으로 바라는 천국의 삶이라고 할 것이다. 그런데 그것이 우리 인간에게 가능한 것인가? 라는 물음에 우리의 역사는 대답하고 있다.

인류의 역사는 전쟁의 역사라고 인간의 발자취는 증언하고 있다. 결국 개인 한 사람 한 사람을 놓고 볼 때에는 일부는 선한 영향력을 발휘하고 일부는 악한 영향력을 발휘하고 있다고 생각할 수 있지만, 인류 전체를 놓고 보면 인간은 악하다고 역사는 강변하고 있다. 본인의 의사와 국가를 지켜야 한다는 애국의 명분으로 사람을 죽이기도 하고, 아무런 잘못이 없음에도 불구하고 국가라는 제도가 나를 범죄자로 만들어서 사형을 시키는 것을 인류의 역사는 거듭해서 증언하고 있다. 마치 아벨의 피가 땅에서 호소하듯이 인류의 양심에 외치고 있는 것이다.

그렇다면 인류의 역사가 증언하듯이 인간의 역사가 곧 전쟁의 역사라면, 그 인간의 마음 안에 있는 "무엇"이 인간으로 하여금 전쟁을 하게 하고 남을 미워하고 시기하게 하고 살인하게 하는 것이다. 그 "무엇"이 "과연 무엇인가"라는 질문에 숱한 종교와 철학은 이야기를 하였다. 그런데 그 종교와 철학은 여전히 그에 대한 해답을 찾지 못하고 있기에 늘 새로운 종교와 철학이 이를 대신하고 있는 것이다. 이 모든 것은 인간을 창조하신 창조주에게 돌아가야만 그에 대한 답과 해결책을 얻을 수 있는 것이다.

아담의 창조와 타락,
그리고 여자의 후손에 대한 약속

하나님은 온 피조세계를 보시기에 좋게 창조하시고 아담을 에덴에 두셨다. 그리고 아담으로 하여금 오직 순종이라는 시험을 위하여 선악과 열매는 결코 먹지 말라고 명하시고 그와 행위언약을 맺으셨다. 그러나 아담은 사탄의 간교함에 속아서 결국 불순종을 택하고 하나님이 아닌 자기 스스로의 영광을 위한 길을 걸어가게 된 것이다. 그런 아담임에도 하나님은 여자의 후손을 통하여 그 간교한 뱀, 사탄을 영원히 심판할 것을 보여주시면서 그들의 부끄러운 곳을 가린 연약한 무화과 잎을 대신하여 가죽 옷을 지어 입히셨다. 그들은 그 가죽옷을 볼 때마다 그들의 죄로 인하여 짐승이 죽었고, 하나님을 불순종한 그들의 모습을 발견하였을 것이다. 그리고 이러한 이야기는 그 자녀들에게도 구전(口傳)이 되었을 것이다. 그럼에도 불구하고 가인은 아벨을 죽이고서도 회개하지 아니한 채 오히려 그 마음의 악을 키워갔다. 그러한 악의 모습은 그렇게 점점 증대되어 갔다.

홍수 심판

하나님은 인간의 죄악이 관영함과 동시에 그들의 생각은 어려서부터 항상 악할 뿐임을 보시고 전(全) 지구적으로 인류와 아담의 범죄로 인하여 저주를 받은 땅의 모든 생명 있는 것에 대하여 심판을 하셨다. 다만 노아는 하나님으로부터 은혜를 입었다. 이제 지구에는 유래 없는 하늘의 샘이 터져서 물로 인하여 노아의 방주 안에 있는 생명체를 제외한 모든 것이 심판을 받게 되었다.

홍수 후 노아 언약

하나님은 노아가 정결한 짐승 등으로 지내는 번제의 향기를 받으시고서는 다시는 인류를 홍수 심판과 같은 물로 인한 심판을 하지 않으시겠다고 약속하셨다. 그렇지만 그 무시 무시한 홍수 심판을 경험한 노아나 그 아들 역시 아담의 범죄로 인한 불순종이 역사하고 있었다는 것은 노아가 포도주에 취했던 사건에서 바로 드러난다. 하나님은 이런 인간을 잘 아셨다. 그렇기 때문에 인간의 이러한 죄악을 다스릴 만한 다른 수단을 위임할 수밖에 없었다. 그것이 곧 사람을 죽이는 자에게는 그 생명을 취할 수 있는 권한을 사람에게 준 것이다. 결국 사형제도는 하나님의 전(全) 지구적인 심판의 자제함과 동시에 태어날 때부터 죄악 아래에 놓여 있는 인간을 향한 배려였다. 그렇다면 인간은 이러한 하나님의 은혜에 마땅히 감사하여야 함에도 불구하고 오히려 바벨탑을 건설하여 그들이 하늘에 이르고자 하는 불순종을 더욱 담대하게 행하였다. 아마도 이제는 물로 인한 심판이 다시는 없을 것이라는 그들의 불경건한 신념이 그들로 하여금 하나님의 말씀과 더욱 멀리하게 하지 않았는가?

아브라함 언약

하나님은 인간의 행위로 말미암아서 그들이 회개하고 하나님 앞으로 돌아올 수 없다는 것을 알고 계셨다. 그래서 우상을 섬긴 데라의 아들 아브라함을 불러서 은혜를 더 하시고자 하셨다. 하나님은 이러한 아브라함에게 약속하셨던 이삭을 주셨고, 아브라함을 시험코자 이삭을 번제물로 바치라고 하셨다. 이번에는 아브라함은 주저함이 없었다. 아브라함은 이삭의 몸을 묶고 번제로 드리고자 하였다. 그 때 하나님은 친히 준비하신 어린양으로 이삭을 대신하게 하고 아브라함에게 네 씨로 말미암아 천하 만민이 복을 얻을 것임을 선포하셨다. 이 약속은 율법이 오기 사백 삼십 년 전의 약속이셨다.

모세 언약

하나님은 아브라함과의 약속대로 그 자손이 4대 만에 큰 민족으로 이루도록 애굽을 도구로 역사하셨고, 가나안의 죄악이 관영(貫盈)하여 졌을 때 모세를 불러서 그들을 하나님이 아브라함에게 약속하셨던 가나안 땅으로 이끄셨다. 그런데 이스라엘 백성은 그 큰 하나님의 기적과 영광을 보았음에도 불구하고 마라의 쓴 물과 만나의 시험에서도 여전히 불순종하였다. 마치 아담이 에덴의 그 풍요로운 가운데에서 하나님이 금지하신 선악과의 열매를 탐했던 것처럼 말이다. 이제 하나님은 그들에게 시내산에서 모세를 통하여 율법을 허락하셨다. 그 율법 역시 순종할 경우에는 복을 불순종할 경우에는 저주가 따르는 아담이 맺은 행위언약과 같은 것이었다. 이스라엘 백성들은 그들의 영혼의 상태를 알지 못하였다. 만일 그들이 날 때부터 죄의 권세 아래에 있어서 불순종의 자녀라는 것을 알았다면 하나님이 율법을 주시고자 할 때에 "우리가 다 준행하겠나이다"가 아니라 "우리를 불쌍히 여겨 주소서"라고 하였을 것이다. 하나님은 바로 이 율법을 통하여 그들로 하여금 그들의 죄악되고 부패한 상태를 알게 하시려고 은혜의 방편으로 이를 허락하셨던 것이다.

다윗 언약

이스라엘 백성들은 광야에서 버림을 당하지 아니하고 가나안 땅으로 들어가서 전부는 아니지만 가나안 족속을 정복하여 나라를 형성하였다. 그 땅은 하나님이 왕이 되어서 친히 다스리는 곳이었다. 그런데 이스라엘 백성들은 가나안 주민들이 섬기는 우상이 풍요를 가져다 주는 것으로 생각하고 하나님을 떠나고 그 우상을 섬기기 시작하였다. 이제 그들의 마음에는 하나님이 왕으로 자리잡을 공간이 없었다. 그리하여 하나님은 다시금 고난을 통해서 하나님을 찾을 수 있도록 은혜를 베푸셨다. 그리고 고난 가운에 그들이 하나님을 부르짖을 때에는 사사들을 세우셔서 침략한 압제하는 족속으로부터 이스라엘을 건져내셨다. 그러나 그것은 그 한 순간 뿐이었다.

이제는 그들이 더욱 악으로 담대하게 눈을 돌려서 "왕"을 세워달라고 사무엘을 통하여 하나님에게 요청하였다. 하나님보다 크신 왕이 없음에도 불구하고 그들의 눈이 밝아서 이웃 나라들의 왕이 좋아 보였던 것이다. 사울이 이스라엘의 최초의 왕으로 등극하였다. 그러나 사울 역시 연약한 인간이었다. 사울은 하나님보다 백성으로부터 존경을 잃지 않기 위하여 하나님의 말씀에 불순종으로 나아갔다. 이제 하나님은 그렇게 이스라엘이 바라는 왕이 아닌 하나님의 왕위를 견고하게 세울 왕으로 다윗을 택하셨다. 한편, 하나님은 다윗에게는 율법의 행위와는 아무런 관련이 없이 오직 특별한 은혜언약으로 네 후손으로 하여금 그 왕위가 영원히 견고하게 하도록 하실 것이라고 약속을 하셨다. 그러나 성경이 증언하듯이 다윗과 그 후손들은 하나님이 모세를 통하여 주신 그 율법에 불순종함으로써 그 율법의 명시한 저주대로 심판을 받고 포로의 삶을 살게 되었다.

예레미야를 통한 새 언약의 약속

그렇다면 하나님이 아담에게 약속하신 여자의 후손, 아브라함에게 약속하신 씨에 대한 약속, 다윗을 통한 영원한 왕위의 약속이 폐하여졌는지에 대한 암울한 상황에 이르자, 하나님은 예레미야를 통하여 새 언약을 체결하실 것을 선포하셨다. 그리하여 이스라엘 백성으로 하여금 모세 언약의 율법이 아닌 아브라함 언약을 다시금 바라볼 수 있도록 그들의 시각을 돌려주셨다.

예수 그리스도의 초림(初臨)과 죽음, 그리고 부활

이제 예수 그리스도가 베들레헴에 태어나셨다. 예수께서는 성령으로 잉태하시어 여자의 후손의 요건인 남자의 씨로 태어나지 아니하셨다. 그리고 후손으로서 인자(人子)로, 그것도 아브라함과 다윗에게 약속하신 그 후손의 혈통인 유대인의 왕으로 오셨다. 이제 이스라엘과 모든 인류는 예수의 삶 만을 주목해야만 하는 것이다. 예수님이 율법 아래에 나서서 아담이 행하지 못한 그 순종을 온전히 수행하면 우리는 아담의 육체를 따라서가 아니라 믿음을 따라서 예수 그리스도 안에서 다시 태어날 수 있기 때문이다. 예수님이 유월절 어린양과 같이 아무런 흠이 없었음은 유대 총독이었던 빌라도의 입으로부터 공식적으로 증명이 되었다. 그럼에도 불구하고 예수님은 십자가 형으로 죽임을 당하셨다. 죄가 없음에도 십자가 죽음을 당한 것이었다. 이는 모순이다. 그 죽음은 누구의 것인가? 바로 우리의 것이다. 우리가 죽어야 되는 죽음을 예수님이 짊어지심으로써 하나님 아버지의 독생자 아들을 주신 사랑을 우리에게 확정시켜 주셨다. 이제 예수 그리스도를 믿는 사람은 모세 언약의 율법처럼 저주와 심판의 두려움으로 우리의 심령 바깥에서 강제하는 것이 아니라, 오직 성령의 은혜로 말미암아 예수 그리스도의 사랑을 힘입어 그 마음이 부드러워지고 그렇게 하나님을 사랑하고 이웃을 사랑하는 율례를 행하게 되는 것이다.

사형제도

이상과 같은 하나님의 언약을 추적하여 성경을 해석해 나가는 언약신학의 입장에서 바라보면 결국 사형제도는 하나님의 인류에 대한 전(全) 지구적인 심판의 자제를 통하여 인간에게 위임된 권한임을 잘 알 수 있다.

그렇지만 구약의 율법에서 하나님이 이스라엘 백성을 통하여 행하신 사형의 제도를 보면 고의 범죄와 부주의한 범죄를 구별하시고 부주의하게 사람을 죽음에 이르게 한 경우에는 도피성 제도를 통하여 보복자의 손에 의하여 보복의 살인이 발생하지 않도록 하셨다. 그리고 이러한 범죄가 발생을 하였을 경우에는 장로집단이나 제사장들을 통하여 그러한 범죄가 발생하였는지 여부에 대하여 한 명의 증인이 아닌 반드시 두 세 증인의 입을 통하여 확증하도록 하셨다. 이러한 율법의 정신은 우리 인류의 모든 사법체계에 도입이 되어야만 더욱 성경에 합치적인 것이다.

나아가 인간에 대한 심판권을 인간에게, 나아가 국가에게 주어진 목적은 하나님의 인류에 대한 죄악의 심판권의 위임이라는 목적 아래에서만 수행이 되어야 하는 것이다. 그렇기 때문에 정치적, 종교적, 인종적인 등의 사유로 상대방을 보복하기 위한 수단으로 결코 남용이 되어서는 안된다고 할 것이다. 이렇게 남용이 될 경우에는 이미 위임의 목적 범위를 넘어섰기 때문에 오히려 하나님의 심판권을 더욱 침해하는 것이다. 그리고 이러한 노력은 전(全) 지구적으로 함께 해야 될 것이기 때문에 인류는 국제연합의 시민적 및 정치적 권리에 관한 국제규약이 더욱 구속력을 가질 수 있도록 노력하여야 할 것이다.

필자는 이 논문이 결코 사형이 성경적으로 합치된다는 정당성을 주장하는 근거로 사용되기 보다는 하나님이 불가피하게 그 심판권의 자제에 따라서 전적으로 타락한 인간에게 인간의 번성을 위하여 그

악을 억제하기 위하여 준 취지에 따라서 더욱 엄격하게 운영이 되어야 한다는 근거로 사용되기를 바라는 마음이 훨씬 크다. 왜냐하면 본 장의 서두에 언급하였듯이 범죄를 수사하고, 이에 대하여 형사소추를 진행하고, 기소된 사건에 대하여 판결을 선고하는 주체는 모두 연약하고 오류에 빠질 수 있고, 독단과 독선에 빠질 수밖에 없는 인간이기 때문이다. 그리고 국가는 범죄의 피해자들이 발생하지 않도록 더욱 노력하고, 그들이 피해를 당하였을 때에는 먼저 나서서 그들의 눈물을 닦아 주고 그들이 당한 피해를 위로하여 줌으로써 하나님의 일반은혜의 수단으로서의 사명을 다 하기를 바란다.

끝으로 영원한 언약적인 관점에서 "몸은 죽여도 영혼은 능히 죽이지 못하는 자들을 두려워하지 말고 오직 몸과 영혼을 능히 지옥에 멸하실 수 있는 이를 두려워하라.(마 10:28)"는 말씀을 깊이 새김으로써, 궁극적으로 모든 사람이 구원에 이르기를 원하시는 하나님의 긍휼함을 만날 수 있기를 소망한다.

참고문헌 (BIBLIOGRAPHY)

국내문헌

강병도 편저. NEW 호크마 주석 신약. 서울: 기독지혜사, 2013.

_____. NEW 호크마 주석 구약I. 서울: 기독지혜사, 2013.

_____. NEW 호크마 주석 구약II. 서울: 기독지혜사, 2013.

권성달. 구약성경 히브리어. 서울: 그리심, 2020.

게할더스 보스. 성경신학. 원광연 역, 파주: CH북스, 2020.

데이비드 반드루넨. 언약과 자연법. 김남국 역, 서울: 부흥과개혁사, 2018.

로고스. 스트롱코드 히브리어 · 헬라어사전. 서울: 로고스, 2017.

루이스 벌코프. 벌코프 조직신학. 이상원, 권수경 역, 파주: CH북스, 2019.

마이클 윌리엄스. 성경이야기와 구원드라마. 윤석인 역, 서울: 부흥과개혁사, 2018.

마이클호튼. 언약신학. 백금산 역, 서울: 부흥과개혁사, 2021.

아브라함 카이퍼. 아브라함 카이퍼의 영역주권. 박태현 역, 군포: 다함, 2021.

_____. 일반은혜. 임원주 역, 서울: 부흥과개혁사, 2019.

웨인 그루뎀. 기독교 윤리학(중). 전의우, 박문재 역, 서울: 부흥과개혁사, 2022.

요세푸스. 요세푸스I. 김지찬 역, 서울: 생명의말씀사, 2022.

이재상. 형사소송법. 서울: 박영사, 2012.

전정구. 성경신학. 김태형 역, 서울: 부흥과개혁사, 2019.

존 M.프레임. 존프레임의 조직신학. 김진운 역, 서울: 부흥과개혁사, 2019.

존 파이프. 섭리. 홍병룡 역, 서울: 생명의 말씀사, 2021.

존 페스코. 웨스트민스터 신앙고백서. 신윤수 역, 서울: 부흥과개혁사, 2020.

_____. 삼위일체와 구속언약. 전광규 역, 서울: 부흥과개혁사, 2019.

한천설. 성경헬라어. 서울: 그리심, 2018.

헤르만 바빙크. 개혁교의학. 박태현 역, 서울: 부흥과개혁사, 2016.

_____. 헤르만 바빙크의 일반은총. 박하림 역, 군포시: 다함, 2021.

논문 및 판결 등 인용문헌

김종걸. "사형제도에 대한 기독교적 이해."복음과 실천 제48집 (2011) : 89

김승효. "사형제도에 대한 기독교 윤리학적 반성." 장로회신학대학교 대학원 석사학위논문, 2007.

박충구. "기독교 윤리학적 관점에서 본 사형제도." 신학과 세계 통권 69호 (2010년 겨울) : 196-231.

박인성. "사형제도 존폐의 검토(기독교적 윤리와 연관하여)." 철학연구 : 대한철학회논문집 제110집 (2009년 5월: 43-68.

신치재. "형법규범 및 기독교 윤리의 측면에서 본 사형제도." 법학논문집 제31집 제1호(2007) : 341-360.

오승주. "사형폐지에 관한 기독교윤리적 연구." 한신대학교 신학전문대학원 석사학위논문, 2004.

이광호. "사형제도에 관한 기독교 윤리적 고찰." 새한철학회 :철학논총 제26집(2001년 10월) : 321-334.

대법원 2023. 7. 13. 선고 2023도2043 판결 [공2023하,1506]

대전고등법원 2023. 1. 26. 선고 2022노310 판결

세계인권선언. 2024. 1. 3.접속, http://glaw.scourt.go.kr

시민적 및 정치적 인권규약. 2023. 1. 3.접속, http://glaw.scourt.go.kr

헌재 1996. 11. 28. 95헌바1, 판례집 8-2, 537

헌재 2004. 12. 16. 2003헌가12, 판례집 16-2하, 446

Gregg vs Georgia 428 U.S. 153 (1976)

기타 접속한 인터넷 사이트

박민균, "가정파괴 넘어 중범죄 저지르는 이단 사이비, 처벌 법 제정해야", 기독신문, 2022년 7월 26일, https://www.kidok.com/news/articleView.html?idxno=216280. [2024. 1. 2. 접속]

최소란, "한기총, 사형제 폐지 반대", 뉴스앤조이, 2005년 8월 24일, https://www.newsnjoy.or.kr/news/articleView.html?idxno=12874. [2023. 9. 30. 접속]

박준규, "흉악범, 사회와 격리가 정의…국민 70% 사형제 유지를", 한국일보, 2023년 6월 6일, https://www.hankookilbo.com/News/Read/A2023052416360005763. [2023. 9. 30.접속]

경향신문, "[쟁점] 사형제도 폐지", 2001년 6월 7일, https://m.khan.co.kr/opinion/contribution/article/200106071910371#c2b. [2023. 9. 30. 접속]

국제앰네스티 한국지부, https://amnesty.or.kr/. [2024. 1. 5.접속]

한국갤럽, https://panel.gallup.co.kr/Gate/Panel/F025.aspx. [2023. 9. 30.접속]

News1, https://n.news.naver.com/mnews/article/421/. [2024. 1. 5.접속]

U.S.Supreme Court, https://supreme.justia.com/cases/federal/us/428/153/. [2024. 1. 4. 접속]

ABSTRACT

Covenant theology can be summarized as a systematic interpretation of the Bible based on the covenant that God promised to humans. Indeed, even though God is an extremely highly Creator who cannot be the other party to the covenant with humans because he is his Creator, he humbled himself and wanted to make a covenant with humans. Then, when interpreting the Bible, which is a special revelation, it would be desirable to understand the Bible based on God's covenant.

Nevertheless, since the compatibility of the death penalty with the Bible has been discussed based on some Clauses of the Bible without examining the death penalty from the perspective of covenant theology, so it can be said that it has always been inevitable to follow a parallel line.

On this background, the topic of this paper was selected and the paper was submitted today. Covenant theology's conclusion is that the death penalty was inevitably entrusted by God through the Noahic Covenant to suppress human sin and enable humanity to prosper from God's exclusive global judgment on mankind.

And the reason God gave Israel the law through the Mosaic Covenant is that it was a means of grace given to bring the Descendant of the woman promised in Genesis 3:15 under the grace of the Abrahamic Covenant and the Davidic Covenant. This is also the conclusion of Covenant Theology.

It is claimed that So, beyond Israel, all of mankind today must realize the depravity of humans through this law and come under the grace of Jesus Christ. Therefore, it should not be used as a basis for supporting or opposing the legitimacy of the death penalty to the States, which was given as a means of common grace through the law.

Furthermore, although the death penalty was permitted to humans, looking at the death penalty system that was implemented in Israel, which was specially established and governed by God, mankind can gain a lot of wisdom to operate the death penalty system in a more Biblical way. Therefore, in order to impose the death penalty, for a serious intentional crime, evidence must be obtained from the mouths of two or three witnesses, not the testimony of one person, and the judicial body that judges whether the crime is worthy of the death penalty through such testimony or evidence must exist

Lastly, due to human weakness, corruption, fallibility, and prejudice, the States must legislate crimes punishable by death in practically operating the death penalty system from the perspective of God's justice and the perspective of the general public in society. By imposing the death penalty on crimes that deserve to be sentenced to death, it will be possible to enhance the glory of God's grace through restraint in His judgment on mankind.

요 약

성경적 언약신학 (Covenant Theology)은 곧 하나님이 인간에게 약속하신 그 언약을 바탕으로 성경을 체계적으로 해석하는 것으로 요약이 될 수 있다. 실로 하나님은 창조주이시기에 인간과 언약의 상대방이 될 수 없는 지극히 높으신 분이심에도 불구하고 스스로 낮아지심으로 인간과 언약을 체결하기를 원하셨다. 그렇다면 마땅히 특별계시인 성경을 해석함에 있어서는 하나님의 언약을 바탕으로 성경 말씀을 이해하는 것이 바람직하다.

그럼에도 불구하고 그동안 언약신학의 입장에서 바라본 사형제도에 대한 고찰이 없이 성경의 일부 구절들을 근거로 사형제도의 성경 합치성을 논하였기 때문에 늘 평행선을 달릴 수밖에 없었다.

이러한 배경에서 본 논문의 주제가 선정이 되었다. 사형제도는 실로 하나님이 홍수 후 노아 언약을 통하여 하나님의 전속적인 인간에 대한 전(全) 지구적인 심판권의 자제(自制)로부터 인간의 죄악을 억제하고 인류가 번성해 나갈 수 있도록 불가피하게 위임된 것이라는 것이 언약신학에서 바라본 결론이다.

그리고 하나님이 이스라엘에게 모세 언약을 통하여 율법을 주신이유는 창세기 3장 15절에서 약속하신 그 여자의 후손, 아브라함 언약, 다윗 언약의 은혜 아래에 이끄시기 위하여 주신 은혜의 방편인 것이 역시 언약신학에서 바라본 결론이라고 주장한다. 그래서 이스라엘을 넘어서 오늘날 전 인류는 이 율법을 통하여 인간의 부패성을 깨닫고 예수 그리스도의 은혜 아래로 들어가야만 하는 것이다. 그렇기 때문에 율법을 통하여 일반은혜의 수단으로 주어진 국가에게 사형제도의 정당성을 지지하거나 반대하는 근거로 사용이 되어서는 안 된다고 할 것이다.

나아가 비록 사형제도가 인간에게 허락이 되었지만 하나님이 특별히 제정하고 다스리신 이스라엘에서 시행되었던 사형제도를 보면 인류가 더욱 성경적으로 사형제도를 운영하기 위한 많은 지혜를 얻을 수 있다. 그래서 반드시 사형을 선고하기 위해서는 중대한 고의(故意) 범죄에 대하여, 한 사람의 증언이 아닌 반드시 두 세 증인의 입을 통한 증거가 필요하고, 이러한 증언이나 증거를 통하여 사형에 해당할 만한 범죄인지 여부를 판단하는 재판기구가 존재해야만 하는 것이다.

끝으로 인간의 연약성, 부패성, 오류성 및 편견성으로 인하여 국가는 사형제도를 실질적으로 운영함에 있어서 사형에 처할 만한 범죄를 입법으로 규정해야 한다. 그리고 하나님의 공의의 관점에서나 사회 일반인의 관점에서 사형으로 선고함이 마땅한 범죄에 대하여만 사형을 선고함으로써 하나님의 인류에 대한 심판권의 자제하심에 따른 은혜의 영광을 높일 수 있을 것이다.

김청만

경찰대학교 법학과 법학학사 (1996)
서울대학교 대학원 법학석사 (2012)
대한예수교장로회총회(합동) 총회신학원 목회학 전문과정수료(2022)
Faith Theological Seminary, M.Div이수 (2020)
International Reformed University & Seminary, M.Div (2021)
Faith Theological Seminary, D.Min (2024)

현) 아름다운 동행 교회 담임 목사
　　법무법인 엘림 대표 변호사

언약신학 & 사형제도

초판 1쇄	2024년 5월 10일
2쇄	2024년 5월 28일
지은이	김청만
발행인	김재홍
교정/교열	박화진
디자인	박효은
마케팅	이연실
발행처	도서출판지식공감
등록번호	제2019-000164호
주소	서울특별시 영등포구 경인로82길 3-4 센터플러스 1117호(문래동1가)
전화	02-3141-2700
팩스	02-322-3089
홈페이지	www.bookdaum.com
이메일	jisikwon@naver.com
가격	15,000원
ISBN	979-11-5622-872-1　93230